119

Zürcher Studien zum öffentlichen Recht

Herausgegeben im Auftrag der Rechtswissenschaftlichen Fakultät
der Universität Zürich von W. Haller, T. Jaag, A. Kölz, G. Müller,
H. Rausch, M. Reich, D. Thürer und B. Weber-Dürler

Markus Rüssli

Die Heimschlagsrechte des zürcherischen Planungs- und Baugesetzes

Mit Berücksichtigung der Gesetzgebung der anderen Kantone

Schulthess Polygraphischer Verlag
Zürich

Zürcher Studien zum öffentlichen Recht

Diese Reihe setzt zusammen mit den
Zürcher Studien zum Privatrecht
Zürcher Studien zum Strafrecht
Zürcher Studien zum Verfahrensrecht
Zürcher Studien zur Rechtsgeschichte
Zürcher Studien zur Rechts- und Staatsphilosophie

die Zürcher Beiträge zur Rechtswissenschaft fort.

Abdruck der
der Rechtswissenschaftlichen Fakultät
der Universität Zürich vorgelegten Dissertation

© Schulthess Polygraphischer Verlag AG, Zürich 1996
ISBN 3 7255 3524 8
Druck: Huber Druck AG, Entlebuch

Vorwort

An dieser Stelle sei Herrn Prof. Dr. Tobias Jaag, meinem Doktorvater, für die Betreuung dieser Arbeit herzlichst gedankt.

Besonderer Dank gebührt sodann meiner Frau Gabriele für ihre stete Unterstützung. Ihr, meiner Mutter und meinem verstorbenen Vater ist diese Arbeit gewidmet.

Die Arbeit wurde im Januar 1996 abgeschlossen. Literatur und Rechtsprechung wurden berücksichtigt, soweit deren Publikation bis Ende 1995 erfolgte.

Zürich, im April 1996   MARKUS RÜSSLI

Inhaltsübersicht

Abkürzungsverzeichnis	XIII
Literaturverzeichnis	XV
Verzeichnis der Materialien	XIX
Rechtsquellenverzeichnis	XX

1. Teil: Einleitung und Grundlagen — 1

§ 1	Einleitung	3
§ 2	Grundlagen: Formelle und materielle Enteignung	5

2. Teil: Das Institut des Heimschlagsrechts — 11

§ 3	Begriff und Abgrenzungen	13
§ 4	Das Heimschlagsrecht und die Eigentumsgarantie	18
§ 5	Heimschlagsrecht und Enteignung	21
§ 6	Das Heimschlagsrecht und die Ausdehnungsrechte der formellen Enteignung	36

3. Teil: Die Heimschlagsrechte des zürcherischen Planungs- und Baugesetzes im besonderen — 45

1. Kapitel: Die einzelnen Heimschlagsrechte des zürcherischen Rechts — 47

§ 7	Überblick	47
§ 8	Das Heimschlagsrecht bei Freihalte- und Erholungszonen	51
§ 9	Das Heimschlagsrecht bei Baulinien	66
§ 10	Das Heimschlagsrecht bei Werkplänen	79
§ 11	Das Heimschlagsrecht bei Natur- und Heimatschutzmassnahmen	87
§ 12	Die Heimschlagsrechte des Quartierplanrechts	94

2. Kapitel: Entschädigungs- und Verfahrensfragen — 107

§ 13	Die Heimschlagsentschädigung	107
§ 14	Verfahren zur Geltendmachung des Heimschlagsrechts	120

3. Kapitel: Abschliessende Würdigung — 129

Anhang: Register zu den Heimschlagsrechten der einzelnen Kantone — 133

Inhaltsverzeichnis

Abkürzungsverzeichnis	XIII
Literaturverzeichnis	XV
Verzeichnis der Materialien	XIX
Rechtsquellenverzeichnis	XX

1. Teil: Einleitung und Grundlagen   1

§ 1 Einleitung   3

§ 2 Grundlagen: Formelle und materielle Enteignung   5

    I. Vorbemerkung   5

    II. Begriff der formellen Enteignung   5

    III. Begriff der materiellen Enteignung   5
        1. Zum Unterschied zwischen formeller und materieller Enteignung   5
        2. Der bundesgerichtliche Begriff der materiellen Enteignung   6
            a) Bedeutung der Rechtsprechung des Bundesgerichts   6
            b) Definition der materiellen Enteignung   7

2. Teil: Das Institut des Heimschlagsrechts   11

§ 3 Begriff und Abgrenzungen   13

    I. Terminologie   13

    II. Definition und Übersicht über Erscheinungsformen des Heimschlagsrechts   14

    III. Abgrenzungen   16
        1. Das Recht des Gemeinwesens, ein Grundstück zu übernehmen   16
        2. Ausdehnung der Enteignung auf Begehren des Enteigneten   17

§ 4 Das Heimschlagsrecht und die Eigentumsgarantie 18

    I. Ausgangslage 18

    II. Inhalt der Eigentumsgarantie 18

    III. Beinhaltet die Eigentumsgarantie ein Recht auf Heimschlagung? 19

§ 5 Heimschlagsrecht und Enteignung 21

    I. Verhältnis des Heimschlagsrechts zur formellen Enteignung 21

    II. Das Heimschlagsrecht als Spezialfall der formellen Enteignung und als Folge der materiellen Enteignung 22
        1. Das Heimschlagsrecht als Spezialfall der formellen Enteignung 23
            a) Das Heimschlagsrecht als selbständiges Institut des kantonalen Rechts 23
            b) Die Umschreibung des Heimschlagsrechts als Impropriation 24
        2. Das Heimschlagsrecht als Folge einer materiellen Enteignung 26
        3. Praktische Bedeutung dieser Unterscheidung 28
        4. Zusammenfassende Würdigung 31

    III. Das Heimschlagsrecht im Zusammenhang mit der materiellen Enteignung 32
        1. Alternative Heimschlagsrechte 32
        2. Kumulative Heimschlagsrechte 34

§ 6 Das Heimschlagsrecht und die Ausdehnungsrechte der formellen Enteignung 36

    I. Verhältnis des Heimschlagsrechts zu den Ausdehnungsrechten des formellen Enteignungsrechts 36

    II. Anwendung der Bestimmungen über die Ausdehnung bei einer materiellen Enteignung 37
        1. Fragestellung 37
        2. Lehre und Praxis 38
        3. Eigene Stellungnahme 41

3. Teil: Die Heimschlagsrechte des zürcherischen Planungs- und Baugesetzes im besonderen 45

1. Kapitel: *Die einzelnen Heimschlagsrechte des zürcherischen Rechts* 47

§ 7 Überblick 47

    I. Die Bestimmungen des Planungs- und Baugesetzes 47
        1. Heimschlagsrechte des Planungsrechts 47
        2. Heimschlagsrechte des Natur- und Heimatschutzrechts 48

    II. Die verschiedenen Erscheinungsformen der Heimschlagsrechte 49

§ 8 Das Heimschlagsrecht bei Freihalte- und Erholungszonen 51

    I. Funktion der Freihalte- und Erholungszonen 51
        1. Freihaltezone 51
        2. Erholungszone 52

    II. Das Heimschlagsrecht 53
        1. Anwendungsbereich des Heimschlagsrechts 53
            a) Kantonale und regionale Freihaltezonen 53
            b) Kommunale Freihalte- und Erholungszonen 53
        2. Verhältnis des Heimschlagsrechts zur materiellen Enteignung 54
            a) Zuweisung von Land in eine Freihalte- oder eine Erholungszone als möglicher enteignungsähnlicher Tatbestand 54
            b) Vom Vorliegen einer materiellen Enteignung unabhängiges Heimschlagsrecht 55
            c) Kumulatives Heimschlagsrecht 57
        3. Umfang des Heimschlagsrechts 57

    III. Rückblick und Hinweise auf Regelungen anderer Kantone 59
        1. Geschichtlicher Rückblick 59
        2. Hinweise auf Regelungen anderer Kantone 61

    IV. Exkurs: Das Zugrecht des Gemeinwesens bei Freihalte- und Erholungszonen 62

§ 9 Das Heimschlagsrecht bei Baulinien   66

     I. **Die Baulinien**   66
         1. Funktion der Baulinien   66
         2. Rechtswirkungen der Baulinien   66
         3. Verfahren für die Festsetzung von Bau- und Niveaulinien   67

     II. **Das Heimschlagsrecht**   68
         1. Das Heimschlagsrecht des § 103 Abs. 1 PBG   68
             a) Gesetzliche Regelung   68
             b) Voraussetzungen zur Geltendmachung des Heimschlagsrechts   68
         2. Das Heimschlagsrecht des § 103 Abs. 2 PBG   70
         3. Verhältnis des Heimschlagsrechts zur materiellen Enteignung   71
             a) Baulinien als möglicher enteignungsähnlicher Tatbestand   71
             b) Vom Vorliegen einer materiellen Enteignung unabhängiges Heimschlagsrecht   72
             c) Alternatives Heimschlagsrecht   74

     III. **Geschichtlicher Rückblick**   74

     IV. **Hinweise auf Regelungen anderer Kantone**   76
         1. Übersicht   76
         2. Vergleich mit dem Kanton Zürich   77
         3. Die Regelung des Kantons Basel-Landschaft im besonderen   78

§ 10 Das Heimschlagsrecht bei Werkplänen   79

     I. **Der Werkplan**   79
         1. Funktion des Werkplans   79
         2. Rechtswirkungen des Werkplans   80
         3. Verfahren für die Festsetzung von Werkplänen   80

     II. **Das Heimschlagsrecht**   81
         1. Gesetzliche Regelung   81
         2. Verhältnis des Heimschlagsrechts zur materiellen Enteignung   81
             a) Festsetzung eines Werkplans als möglicher enteignungsähnlicher Tatbestand   81
             b) Vom Vorliegen einer materiellen Enteignung unabhängiges Heimschlagsrecht   82
             c) Alternatives Heimschlagsrecht   82
         3. Umfang des Heimschlagsrechts   83
         4. Übernahme des Grundstücks durch den Werkplanersteller   84

III.	**Hinweise auf Regelungen anderer Kantone**	85

§ 11 Das Heimschlagsrecht bei Natur- und Heimatschutzmassnahmen 87

I.	**Die Natur- und Heimatschutzbestimmungen des zürcherischen Rechts**	87
II.	**Das Heimschlagsrecht**	88
	1. Vom Vorliegen einer materiellen Enteignung abhängiges Heimschlagsrecht	88
	2. Kumulatives Heimschlagsrecht	90
	3. Umfang des Heimschlagsrechts	91
III.	**Hinweise auf Regelungen anderer Kantone**	92
	1. Übersicht	92
	2. Die kantonalen Regelungen im Vergleich	92

§ 12 Die Heimschlagsrechte des Quartierplanrechts 94

I.	**Einleitung**	94
II.	**Der Quartierplan**	94
	1. Begriff und Funktion des Quartierplans	94
	2. Materielle Grundsätze des Quartierplanverfahrens	95
	3. Das Heimschlagsrecht beim Quartierplan	96
	a) Übernahmepflicht und Heimschlagsrecht	96
	b) Voraussetzungen zur Geltendmachung des Heimschlagsrechts	97
	c) Rechtswirkungen des Heimschlags	100
	d) Anwendungsbereich des Heimschlagsrechts	100
III.	**Die Grenzbereinigung**	101
	1. Begriff und Durchführung der Grenzbereinigung	101
	2. Das Heimschlagsrecht bei der Grenzbereinigung	102
IV.	**Die Gebietssanierung**	103
	1. Begriff und Funktion der Gebietssanierung	103
	2. Das Heimschlagsrecht bei der Gebietssanierung	104
V.	**Hinweise auf Regelungen anderer Kantone**	106

2. Kapitel: *Entschädigungs- und Verfahrensfragen* 107

§ 13 Die Heimschlagsentschädigung 107

    I. Die Ermittlung der Heimschlagsentschädigung nach der bundesgerichtlichen Rechtsprechung 107
        1. Bemessung der Entschädigung bei Vorliegen einer materiellen Enteignung 107
        2. Bemessung der Entschädigung bei Fehlen einer materiellen Enteignung 109

    II. Die Ermittlung der Heimschlagsentschädigung nach zürcherischem Recht 109
        1. Einleitung 109
        2. Die Heimschlagsentschädigung bei Freihaltezonen, Baulinien, Werkplänen sowie Natur- und Heimatschutzmassnahmen 110
            a) Gesetzliche Regelung 110
            b) Entwicklung der verwaltungsgerichtlichen Rechtsprechung 110
            c) Bemessung der Heimschlagsentschädigung 112
                aa) Bei Vorliegen einer materiellen Enteignung 112
                bb) Bei Fehlen einer materiellen Enteignung 115
        3. Die Heimschlagsentschädigung bei den quartierplanrechtlichen Heimschlagsrechten 116
            a) Bemessung der Heimschlagsentschädigung 116
            b) Verzinsung der Heimschlagsentschädigung 117

§ 14 Verfahren zur Geltendmachung des Heimschlagsrechts 120

    I. Frist zur Geltendmachung des Heimschlagsrechts 120

    II. Verfahrensablauf 122
        1. Geltendmachung des Heimschlagsrechts 122
        2. Verfahren vor der Schätzungskommission 123
        3. Verfahren vor Verwaltungsgericht 124
        4. Rechtsschutz auf Bundesebene 125

    III. Nachträglicher Verzicht auf den Heimschlag 128

3. Kapitel: *Abschliessende Würdigung* 129

Anhang: Register zu den Heimschlagsrechten der einzelnen Kantone 133

Abkürzungsverzeichnis

a.a.O.	am angeführten Ort
ABl	Amtsblatt des Kantons Zürich
Abs.	Absatz
ABSH	Amtsbericht des Obergerichts an den Grossen Rat des Kantons Schaffhausen
AGVE	Aargauische Gerichts- und Verwaltungsentscheide
a.M.	anderer Meinung
Anm.	Anmerkung
Art.	Artikel
ASR	Abhandlungen zum schweizerischen Recht (Bern)
Aufl.	Auflage
BBl	Bundesblatt der Schweizerischen Eidgenossenschaft
Bd., Bde.	Band, Bände
betr.	betreffend
BEZ	Baurechtsentscheide Kanton Zürich
BG	Bundesgesetz
BGE	Entscheidungen des Schweizerischen Bundesgerichts. Amtliche Sammlung
BGr	Bundesgericht
BJM	Basler Juristische Mitteilungen
BRK	Baurekurskommission des Kantons Zürich (Der Kanton Zürich ist in vier Baurekurskreise aufgeteilt.)
BVR	Bernische Verwaltungsrechtsprechung
bzw.	beziehungsweise
c.	contra = gegen
DISP	Dokumente und Informationen zur Schweizerischen Orts-, Regional- und Landesplanung, ETH Zürich
Diss.	Dissertation
E.	Erwägung
EG	Einführungsgesetz
et al.	et alii = und andere
ETH	Eidgenössische Technische Hochschule
f., ff.	und folgende
gl.M.	gleicher Meinung
GS	Zürcher Gesetzessammlung 1981
Hlbs.	Halbsatz
hrsg.	herausgegeben
inkl.	inklusive
i.S.v.	im Sinne von
i.V.m.	in Verbindung mit
Kommentar PBG	Müller Peter/Rosenstock Peter/Wipfli Peter/Zuppinger Werner, Kommentar zum Zürcher Planungs- und Baugesetz vom 7. September 1975, Wädenswil 1985
Kt.	Kanton

lit.	litera = Buchstabe
LS	Zürcher Loseblattsammlung
m.w.H.	mit weiteren Hinweisen
N	Note; Randnote
NF	Neue Folge
no	numéro
Nr.	Nummer
NZZ	Neue Zürcher Zeitung
ORL	Institut für Orts, Regional- und Landesplanung an der Eidgenössischen Technischen Hochschule Zürich
OS	Offizielle Sammlung der Gesetze, Beschlüsse und Verordnungen des Eidgenössischen Standes Zürich
Pra.	Die Praxis (Basel)
publ.	publiziert
PVG	Praxis des Verwaltungsgerichtes des Kantons Graubünden
RB	Rechenschaftsbericht des Verwaltungsgerichts des Kantons Zürich
S.	Seite
SchK	Schätzungskommission des Kantons Zürich (Der Kanton Zürich ist in vier Schätzungskreise eingeteilt.)
SGGVP	St. Gallische Gerichts- und Verwaltungspraxis
sog.	sogenannt
SR	Systematische Sammlung des Bundesrechts
TVR	Thurgauische Verwaltungsrechtspflege
u.a.	unter anderem (anderen); und andere(s)
usw.	und so weiter
vgl.	vergleiche
VGr	Verwaltungsgericht
VLP	Schweizerische Vereinigung für Landesplanung (Bern)
Vol.	Volume = Band
Vorbem.	Vorbemerkungen
VVGE	Verwaltungs- und Verwaltungsgerichtsentscheide des Kantons Obwalden
z.B.	zum Beispiel
ZBGR	Schweizerische Zeitschrift für Beurkundungs- und Grundbuchrecht (Wädenswil)
ZBJV	Zeitschrift des Bernischen Juristenvereins
ZBl	Schweizerisches Zentralblatt für Staats- und Verwaltungsrecht (Zürich); vor 1989 Schweizerisches Zentralblatt für Staats- und Gemeindeverwaltung
ZG	Zürcher Gesetzessammlung 1961
ZGGVP	Gerichts- und Verwaltungspraxis des Kantons Zug
Ziff.	Ziffer
zit.	zitiert
ZR	Blätter für zürcherische Rechtsprechung
ZSR	Zeitschrift für Schweizerisches Recht (Basel)
ZWR	Zeitschrift für Walliser Rechtsprechung

Literaturverzeichnis

ACKERET RUDOLF J., Nichteinzonung und materielle Enteignung, in: Verfassungsrechtsprechung und Verwaltungsrechtsprechung, Beiträge veröffentlicht von der I. öffentlich-rechtlichen Abteilung des schweizerischen Bundesgerichts, Zürich 1992, S. 101 ff.

AEMISEGGER HEINZ, Gesetzliche Grundlagen über die Entschädigung von Eigentumsbeschränkungen, VLP Nr. 23, Bern 1978 (zit. VLP Nr. 23)

– Leitfaden zum Raumplanungsgesetz, VLP Nr. 25, Bern 1980 (zit. VLP Nr. 25)

– Raumplanung und Entschädigungspflicht, VLP Nr. 36, Bern 1983 (zit. VLP Nr. 36)

ALDER CLAUDIUS, Rechtliche Voraussetzungen und Grundsätze der Baulandumlegung unter besonderer Berücksichtigung der Verwirklichung von Gesamtüberbauungen und der neuen Gestaltung überbauter Grundstücke, Zürich 1972 (ORL-Schriftenreihe Nr. 9)

AUBERT JEAN–FRANÇOIS, Du renchérissement foncier, ZSR NF 83/II (1964), S. 1 ff. (zit. renchérissement)

– Traité de droit constitutionnel suisse, 2 Bde., Paris/Neuchâtel 1967; Supplément 1967 – 1982, Neuchâtel 1982 (zit. Traité)

DILGER PETER, Raumplanungsrecht der Schweiz, Zürich 1982

EGGER HANS, Einführung in das zürcherische Baurecht, 3. Aufl., Wädenswil 1970

ERLÄUTERUNGEN ZUM BUNDESGESETZ ÜBER DIE RAUMPLANUNG, hrsg. vom Eidgenössischen Justiz- und Polizeidepartement/Bundesamt für Raumplanung, Bern 1981

FEUERSTEIN NICOLA, Das Sonderopfer bei Eigentumsbeschränkungen, Diss., St. Gallen 1993

FLACH ROBERT E., Baulinien im schweizerischen Recht, 2 Bde., Diss. (Zürich), Winterthur 1979

GRISEL ANDRÉ, Traité de droit administratif, 2 Bde., Neuchâtel 1984

GRÜTTER K. URS, Kurzkommentar zum neuen Baugesetz des Kantons Bern, Bern/Stuttgart 1986

GUT URS, Die materielle Enteignung, Diss., Zürich 1969

GUTZWILLER BRUNO, Das Rechtsinstitut der Baulinie. Speziell dargestellt nach basellandschaftlichem Recht, Bern/Frankfurt a.M. 1973

GYR PETER, Materielle Enteignung durch Eigentumsbeschränkungen, die dem Denkmal-, Altstadt- oder Heimatschutz dienen?, BJM 1994, S. 1 ff.

HÄFELIN ULRICH, Zur Lückenfüllung im öffentlichen Recht, in: Festschrift Hans Nef, Zürich 1981, S. 91 ff.

HÄFELIN ULRICH/MÜLLER GEORG, Grundriss des Allgemeinen Verwaltungsrechts, 2. Aufl., Zürich 1993

HALLER WALTER/KARLEN PETER, Raumplanungs- und Baurecht, 2. Aufl., Zürich 1992

HEER BALTHASAR, Materielle Enteignung, in: Das neue st. gallische Enteignungsgesetz, Veröffentlichungen des Schweizerischen Instituts für Verwaltungskurse an der Hochschule St. Gallen, Bd. 21, St. Gallen 1985, S. 71 ff.

HESS HEINZ/WEIBEL HEINRICH, Das Enteignungsrecht des Bundes, Kommentar, 2 Bde., Bern 1986

HESS JÜRG, Der Denkmalschutz im zürcherischen Planungs- und Baugesetz, Diss. (Zürich), Entlebuch 1986

HINTERMANN ANDREAS, Die Freihaltungszone im Rahmen der Bauzonenplanung, Diss. (Zürich), Winterthur 1963

HOLLENWEGER GEORGES, Das Enteignungsverfahren nach aargauischem Recht, Diss., Zürich 1976

HÜBNER PETER, Die Parzellarordnung nach baselstädtischem Recht. Mit Hinweisen auf den zürcherischen Quartierplan und die bundesdeutsche Baulandumlegung, Diss., Basel 1991

IMBODEN MAX/RHINOW RENÉ A., Schweizerische Verwaltungsrechtsprechung, 2 Bde., 5./6. Aufl., Basel usw. 1976/1986; Ergänzungsband 1990 (RHINOW RENÉ A./KRÄHENMANN BEAT)

IMHOLZ ROBERT, Die Denkmalschutzbestimmungen des zürcherischen Planungs- und Baugesetzes, DISP Nr. 67 (1982), S. 34 ff.

JAGMETTI RICCARDO, Kommentar zu Art. 23 BV, in: Kommentar zur Bundesverfassung der Schweizerischen Eidgenossenschaft vom 29. Mai 1874, hrsg. von Jean–François Aubert et al., Basel/Zürich/Bern 1991

JOLLER CHRISTOPH, Denkmalpflegerische Massnahmen nach schweizerischem Recht, Diss. (Fribourg), Entlebuch 1987

KELLER SAMUEL, Gegenstände und Wirkungen des kommunalen Überbauungsplanes, BVR 1978, S. 89 ff.

KISTLER ERNST/MÜLLER RENÉ, Baugesetz des Kantons Aargau, Kommentar, ohne Ortsangabe 1994

KLAMETH URS, Das Heimschlagsrecht des PBG, Referat, gehalten am 14. November 1989 vor der Fachgruppe «Baurecht» des Vereins zürcherischer Rechtsanwälte (nicht publiziert; Verwendung des Manuskripts mit Einverständnis des Autors)

KNAPP BLAISE, Enteignung, Schweizerische Juristische Kartothek, Karten Nr. 1098 – 1108, Genf 1975/1976 (zit. Enteignung)

- Précis de droit administratif, 4. Aufl., Basel/Frankfurt a.M. 1991 (zit. droit administratif)
- Grundlagen des Verwaltungsrechts, deutschsprachige Ausgabe der 4. Aufl. des «Précis de droit administratif», 2 Bde., Basel/Frankfurt a.M. 1992/1993 (zit. Verwaltungsrecht)

KÖLZ ALFRED, Kommentar zum Verwaltungsrechtspflegegesetz des Kantons Zürich, Zürich 1978

KUTTLER ALFRED, Ortsplanung und Eigentumsschutz, in: Festgabe zum Schweizerischen Juristentag 1963, Basel 1963, S. 179 ff. (zit. Ortsplanung)

- Materielle Enteignung aus der Sicht des Bundesgerichts, ZBl 88/1987, S. 185 ff. (zit. ZBl 88/1987)

LEIMBACHER JÖRG, Planungen und materielle Enteignung, VLP Nr. 63, Bern 1995

MAAG JAKOB/MÜLLER HANS, Kommentar zum zürcherischen Baugesetz für Ortschaften mit städtischen Verhältnissen und zur Quartierplanverordnung, Zürich 1907

MEIER-HAYOZ ARTHUR/ROSENSTOCK PETER, Zum Problem der Grünzonen, Bern 1967 (ASR Nr. 375)

MERKER RUDOLF, Der Grundsatz der «vollen Entschädigung» im Enteignungsrecht, Diss., Zürich 1975

MOOR PIERRE, Droit administratif, Vol. I: Les fondements généraux, 2. Aufl., Bern 1994; Vol. II: Les actes administratifs et leur contrôle, Bern 1991; Vol. III: L'organisation des activités administratives. Les biens de l'Etat, Bern 1992

MÜLLER GEORG, Kommentar zu Art. 22ter BV, in: Kommentar zur Bundesverfassung der Schweizerischen Eidgenossenschaft vom 29. Mai 1874, hrsg. von Jean–François Aubert et al., Basel/Zürich/Bern 1987

MÜLLER JÖRG PAUL, Die Grundrechte der schweizerischen Bundesverfassung, 2. Aufl., Bern 1991

MÜLLER PETER, Begriffsbrevier zum Planungs- und Baugesetz, Wirtschaftsbulletin Nr. 15 der Zürcher Kantonalbank, 1976

MÜLLER PETER/ROSENSTOCK PETER/WIPFLI PETER/ZUPPINGER WERNER, Kommentar zum Zürcher Planungs- und Baugesetz vom 7. September 1975, Wädenswil 1985 (zit. Kommentar PBG)

NABHOLZ ADOLF, Das Institut der Bebauungspläne, Diss., Zürich 1922

PFISTERER THOMAS, Entwicklung und Perspektiven der bundesgerichtlichen Rechtsprechung zur materiellen Enteignung, ZBl 89/1988, S. 469 ff., 517 ff. (zit. ZBl 89/1988)

- Entschädigungspflichtige raumplanerische Massnahmen, BVR 1990, S. 25 ff. (zit. BVR 1990)

POLEDNA TOMAS, Staatliche Bewilligungen und Konzessionen, Bern 1994

RHINOW RENÉ A./KRÄHENMANN BEAT, Schweizerische Verwaltungsrechtsprechung, Ergänzungsband, Basel/Frankfurt a.M. 1990

RIVA ENRICO, Hauptfragen der materiellen Enteignung, Bern 1990

ROUILLER CLAUDE, Considérations sur la garantie de la propriété et sur l'expropriation matérielle, faites à partir de la jurisprudence du Tribunal fédéral, ZBJV 121 (1985), S. 1 ff.

SCHÜRMANN LEO/HÄNNI PETER, Planungs-, Bau- und besonderes Umweltschutzrecht, 3. Aufl., Bern 1995

STEINER HANS-RUDOLF, Die Baulandumlegung dargestellt nach schweizerischem Recht unter besonderer Berücksichtigung der Kantone Zürich, Bern und Basel-Stadt, Diss., Zürich 1968

VON TSCHARNER RAYMOND M., Probleme der Eigentumsgarantie und der Entschädigungspflicht in der Praxis der Denkmalpflege, in: Rechtsfragen der Denkmalpflege, Veröffentlichungen des Schweizerischen Instituts für Verwaltungskurse an der Hochschule St. Gallen, Bd. 3, St. Gallen 1981, S. 71 ff.

VOLLENWEIDER WALTER, Neues Planungs- und Baurecht für den Kanton Zürich, ZBl 76/1975, S. 321 ff. (zit. ZBl 76/1975)

– Neues zürcherisches Planungs- und Baurecht, ZBGR 61/1980, S. 193 ff. (zit. ZBGR 1980)

WEBER-DÜRLER BEATRICE, Der Grundsatz des entschädigungslosen Polizeieingriffs, ZBl 85/1984, S. 289 ff.

WIEDERKEHR PETER, Die Expropriationsentschädigung dargestellt nach schweizerischem und zürcherischem Recht, Diss. (Zürich), Winterthur 1966

WOLF ROBERT, Entschädigungsprobleme bei der Übernahme von Grundstücken durch das Gemeinwesen, VLP Nr. 49, Bern 1989

WOLF ROBERT/KULL ERICH, Das revidierte Planungs- und Baugesetz (PBG) des Kantons Zürich, VLP Nr. 58, Bern 1992

ZAUGG ALDO, Kommentar zum Baugesetz des Kantons Bern vom 7. Juni 1970, Bern 1971 (zit. Baugesetz von 1970)

– Kommentar zum Baugesetz des Kantons Bern vom 9. Juni 1985, 1. Aufl., Bern 1987; 2. Aufl., Bern 1994 (wo nichts angegeben ist, wurde die 2. Aufl. verwendet; zit. Baugesetz von 1985)

ZIMMERLI ULRICH, Die Rechtsprechung des Bundesgerichts zur materiellen Enteignung, ZBl 75/1974, S. 137 ff.

ZIMMERLIN ERICH, Bauordnung der Stadt Aarau, Aarau 1960 (zit. Bauordnung)

- Die materielle Enteignung im aargauischen Verwaltungsrecht, in: Aargauische Rechtspflege im Gang der Zeit, Festschrift des Aargauischen Juristenvereins, Aarau 1969, S. 153 ff. (zit. Materielle Enteignung)
- Das Enteignungs- und Entschädigungsrecht im aargauischen Baugesetz, ZBl 73/1972, S. 217 ff. (zit. ZBl 73/1972)
- Baugesetz des Kantons Aargau vom 2. Februar 1971, Kommentar, 2. Aufl., Aarau 1985 (zit. Kommentar Baugesetz)

Verzeichnis der Materialien

Kanton Zürich

Antrag und Weisung des Regierungsrates zum Planungs- und Baugesetz vom 5. Dezember 1973, ABl 1973, S. 1649 ff.

Antrag und Weisung des Regierungsrates zur Änderung des Planungs- und Baugesetzes vom 11. Oktober 1989, ABl 1989, S. 1713 ff.

Antrag und Weisung des Regierungsrates zur Änderung des Verwaltungsrechtspflegegesetzes vom 3. Mai 1995, ABl 1995, S. 1501 ff.

Protokoll des Kantonsrates 1971 – 1975 zum Planungs- und Baugesetz

Protokoll des Kantonsrates 1987 – 1991 zur Änderung des Planungs- und Baugesetzes

Kanton Basel-Landschaft

Vorlage an den Landrat betreffend den Entwurf zu einem neuen Raumplanungs- und Baugesetz (RBG) vom 21. Dezember 1993

Rechtsquellenverzeichnis

I. Bund

Bundesverfassung der Schweizerischen Eidgenossenschaft vom 29. Mai 1874 (BV; SR 101)

Europäische Menschenrechtskonvention vom 4. November 1950 (EMRK; SR 0.101)

Bundesgesetz über das Verwaltungsverfahren vom 20. Dezember 1968 (VwVG; SR 172.021)

Bundesgesetz über die Organisation der Bundesrechtspflege vom 16. Dezember 1943 (OG; SR 173.110)

Bundesgesetz über die Raumplanung vom 22. Juni 1979 (RPG; SR 700)

Bundesgesetz über die Enteignung vom 20. Juni 1930 (EntG; SR 711)

II. Kanton Zürich

Gesetz über den Rechtsschutz in Verwaltungssachen vom 24. Mai 1959 (Verwaltungsrechtspflegegesetz, VRG; LS 175.2)

Einführungsgesetz zum Schweizerischen Zivilgesetzbuch vom 2. April 1911 (EG ZGB; LS 230)

Gesetz über die Raumplanung und das öffentliche Baurecht vom 7. September 1975 (Planungs- und Baugesetz, PBG; LS 700.1)

Baugesetz für Ortschaften mit städtischen Verhältnissen vom 23. April 1893 (BauG; ZG 5, S. 3 ff.; aufgehoben durch das Planungs- und Baugesetz von 1975)

Verordnung über den Quartierplan vom 18. Januar 1978 (Quartierplanverordnung, QPV; LS 701.13)

Verordnung über den Natur- und Heimatschutz und über kommunale Erholungsflächen vom 20. Juli 1977 (Natur- und Heimatschutzverordnung, NHV; LS 702.11)

Gesetz betreffend die Abtretung von Privatrechten vom 30. November 1879 (Abtretungsgesetz, AbtrG; LS 781)

III. Andere Kantone

Aargau

Gesetz über Raumplanung, Umweltschutz und Bauwesen vom 19. Januar 1993 (Baugesetz, BauG)

Rechtsquellenverzeichnis   XXI

Appenzell Ausserrhoden
Gesetz über die Einführung des Bundesgesetzes über die Raumplanung vom 28. April 1985 (EG zum RPG)

Appenzell Innerrhoden
Baugesetz vom 28. April 1985 (BauG)

Basel-Landschaft
Baugesetz vom 15. Juni 1967 (BauG)

Basel-Stadt
Hochbautengesetz vom 11. Mai 1939 (HBG)
Gesetz über Enteignung und Impropriation vom 26. Juni 1974 (Enteignungsgesetz, EntG)
Gesetz über den Denkmalschutz vom 20. März 1980 (DSchG)
Gesetz über Bodenordnungsmassnahmen vom 20. November 1969 (BMG)

Bern
Baugesetz vom 9. Juni 1985 (BauG)
Gesetz über die Enteignung vom 3. Oktober 1965 (EntG)
Gesetz über die Erhaltung der Kunstaltertümer und Urkunden vom 16. März 1902

Freiburg
Raumplanungs- und Baugesetz vom 9. Mai 1983 (RPBG)
Gesetz über die Enteignung vom 23. Februar 1984 (EntG)

Genf
Loi sur l'extension des voies de communication et l'aménagement des quartiers ou localités du 9 mars 1929 (LExt)

Glarus
Gesetz über die Einführung des Schweizerischen Zivilgesetzbuches im Kanton Glarus vom 7. Mai 1911 (EG ZGB)
Strassengesetz vom 2. Mai 1971 (StrG)

Graubünden

Raumplanungsgesetz für den Kanton Graubünden vom 20. Mai 1973/6. Dezember 1987 (KRG)

Jura

Loi sur les constructions et l'aménagement du territoire du 25 juin 1987 (LCAT)

Loi sur l'expropriation du 26 octobre 1978 (LEx)

Loi sur la conservation des objets d'art et monuments historiques du 9 novembre 1978

Luzern

Planungs- und Baugesetz vom 7. März 1989 (PBG)

Enteignungsgesetz vom 29. Juni 1970 (EntG)

Strassengesetz vom 15. September 1964 (StrG)

Gesetz über den Schutz der Kulturdenkmäler vom 8. März 1960 (DSchG)

Neuenburg

Loi cantonale sur l'aménagement du territoire du 2 octobre 1991 (LCAT)

Loi sur l'expropriation pour cause d'utilité publique du 26 janvier 1987 (LEXUP)

Nidwalden

Gesetz über die Raumplanung und das öffentliche Baurecht vom 24. April 1988 (Baugesetz, BauG)

Gesetz über die Enteignung vom 27. April 1975 (EntG)

Gesetz über den Natur- und Heimatschutz vom 24. April 1988 (Heimatschutzgesetz)

Vollziehungsverordnung zum Heimatschutzgesetz betreffend den Naturschutz vom 17. Mai 1989 (Naturschutzverordnung)

Obwalden

Baugesetz vom 12. Juni 1994 (BauG)

St. Gallen

Gesetz über die Raumplanung und das öffentliche Baurecht vom 6. Juni 1972/6. Januar 1983 (Baugesetz, BauG)

Enteignungsgesetz vom 31. Mai 1984 (EntG)

Schaffhausen

Baugesetz für den Kanton Schaffhausen vom 9. November 1964 (BauG)

Enteignungsgesetz für den Kanton Schaffhausen vom 21. Dezember 1964 (EntG)

Schwyz

Planungs- und Baugesetz vom 14. Mai 1987 (PBG)

Solothurn

Planungs- und Baugesetz vom 3. Dezember 1978/17. Mai 1992 (PBG)

Gesetz über die Einführung des Schweizerischen Zivilgesetzbuches vom 4. April 1954 (EG ZGB)

Tessin

Legge di espropriazione dell'8 marzo 1971 (Lespr)

Thurgau

Gesetz über die Enteignung vom 27. Februar 1984 (EntG)

Uri

Gesetz über den Natur- und Heimatschutz vom 18. Oktober 1987

Waadt

Loi sur l'expropriation du 25 novembre 1974 (LE)

Wallis

Gesetz betreffend das Bauwesen vom 19. Mai 1924 (BauG)

Zug

Baugesetz für den Kanton Zug vom 18. Mai 1967 (BauG)

Gesetz über die Abänderung des Strassengesetzes betr. Baulinien und Landerwerb vom 26. März 1956 (StrG Änderung)

Gesetz über Denkmalpflege, Archäologie und Kulturgüterschutz vom 26. April 1990 (Denkmalschutzgesetz, DSG)

1. Teil:

Einleitung und Grundlagen

§ 1 Einleitung

In der Rechtswissenschaft hat die Thematik des Heimschlagsrechts bis anhin nur geringe Beachtung gefunden[1]. Die Bedeutung des Heimschlagsrechts sollte indessen nicht verkannt werden. Die meisten Kantone der Schweiz kennen das Institut des Heimschlagsrechts. So enthalten zahlreiche kantonale Bau-, Planungs-, Enteignungs- sowie Natur- und Heimatschutzgesetze Heimschlagsrechte. Aber auch andere Erlasse sehen Heimschlagsrechte vor[2]. Im Kanton Zürich beispielsweise ist neben den verschiedenen Heimschlagsrechten des Planungs- und Baugesetzes ein weiteres solches Recht in § 29 Abs. 2 des Abfallgesetzes im Zusammenhang mit der staatlichen Übernahme der Nachsorgepflicht bei Deponien vorgesehen[3]. Im weiteren beinhalten § 62 lit. l Strassengesetz[4] und § 5 Fluglärmgesetz[5] ein Heimschlagsrecht. Ebenfalls nicht unterschätzt werden sollte die praktische Bedeutung dieses Instituts[6]. In der Praxis kommt der Heimschlag sehr häufig vor; im Kanton Zürich vor allem bei der Zuweisung von Land in eine Freihaltezone.

Ziel dieser Schrift ist es, das Rechtsinstitut des Heimschlagsrechts eingehend darzustellen. Im Vordergrund steht dabei eine Auseinandersetzung mit den Heimschlagsrechten des zürcherischen Planungs- und Baugesetzes. Die vorliegende Arbeit beschränkt sich indessen nicht auf das zürcherische Recht, sondern es werden auch die Gesetzgebung der übrigen Kantone im Bereich des Planungs-, Bau-, Enteignungs- sowie Natur- und Heimatschutzrechts und die dazugehörige kantonale Judikatur, soweit diese von Interesse ist, berücksichtigt.

---

[1] Eingehender mit dem Institut des Heimschlagsrechts befassen sich AEMISEGGER, VLP Nr. 36, S. 83 ff., 123 ff.; VOLLENWEIDER, ZBGR 1980, S. 223 ff., sowie KLAMETH.

[2] Vgl. zu Regelungen im Bund POLEDNA, S. 269.

[3] Gesetz über die Abfallwirtschaft (Abfallgesetz) vom 25. September 1994 (LS 712.1). Vgl. zu § 29 Abfallgesetz ABl 1992, S. 947 f.

[4] Gesetz über den Bau und den Unterhalt der öffentlichen Strassen (Strassengesetz) vom 27. September 1981 (LS 722.1). Zu § 62 lit. l StrG hinten S. 97 Anm. 19.

[5] Gesetz über Massnahmen gegen die Auswirkungen von Fluglärm und Abgasen in den Randgebieten des Flughafens Zürich (Fluglärmgesetz) vom 27. September 1970 (LS 748.3).

[6] Auch AEMISEGGER (VLP Nr. 25, S. 121) weist auf die grosse praktische Bedeutung des Heimschlagsrechts hin.

Die Arbeit ist folgendermassen aufgebaut:
- Im ersten Teil findet sich ein kurzer Überblick über die formelle und materielle Enteignung.
- Im zweiten Teil wird das Institut des Heimschlagsrechts dargestellt. Dabei wird unter anderem aufgezeigt, was unter dem Begriff Heimschlagsrecht zu verstehen ist. Im weiteren wird untersucht, ob sich aus der Eigentumsgarantie ein Anspruch auf Heimschlagung ableiten lässt. Anschliessend wird auf das Verhältnis des Heimschlagsrechts zur Enteignung näher eingegangen; so wird insbesondere die in der Lehre im Anschluss an die bundesgerichtliche Rechtsprechung getroffene Unterscheidung der Heimschlagsrechte in zwei Erscheinungsformen kritisch beleuchtet. Danach wird das Verhältnis zwischen dem Heimschlagsrecht und den Ausdehnungsrechten des formellen Enteignungsrechts erörtert. Dabei steht die Frage im Zentrum, ob das dem formell Enteigneten zustehende Ausdehnungsrecht auch bei einer materiellen Enteignung analoge Anwendung finden kann.
- Der dritte Teil befasst sich im wesentlichen mit den Heimschlagsrechten des zürcherischen Planungs- und Baugesetzes, wobei im jeweiligen Kontext ebenfalls auf Heimschlagsrechte anderer Kantone eingegangen wird. Abschliessend erfolgt eine Würdigung der Heimschlagsrechte nach zürcherischem Recht.
- Am Schluss der Arbeit wird sodann in einem Register aufgeführt, wo sich Angaben bzw. Erläuterungen zu den Heimschlagsrechten der einzelnen Kantone finden. Dadurch soll dem Leser, der Hinweise zu einem bestimmten Kanton sucht, der Zugang zu der vorliegenden Darstellung erleichtert werden.

§ 2 Grundlagen: Formelle und materielle Enteignung

I. Vorbemerkung

Das Heimschlagsrecht bildet neben der formellen und der materiellen Enteignung einen weiteren Entschädigungstatbestand für eigentumsbeschränkende Massnahmen des Staates[1]. Wie diese Arbeit zeigen wird, ist das Heimschlagsrecht eng verknüpft mit der materiellen Enteignung; daneben weist es aber auch Verbindungen zur formellen Enteignung auf. Bevor auf das Institut des Heimschlagsrechts eingetreten wird, sollen deshalb die Begriffe der formellen und materiellen Enteignung näher erläutert werden.

II. Begriff der formellen Enteignung

Eine formelle Enteignung liegt vor, wenn unter dem Schutz der Eigentumsgarantie stehende Rechte durch einen Hoheitsakt ganz oder teilweise entzogen und in der Regel auf den Enteigner übertragen werden. Ausnahmsweise erfolgt kein Übergang des Rechts, sondern dieses geht unter oder es wird ein neues Recht zugunsten des Enteigners begründet, so beispielsweise durch Aufhebung einer den Enteigner belastenden oder durch Einräumung einer ihn begünstigenden Dienstbarkeit. Zweck des Eingriffes ist es, dem Enteigner die zur Erfüllung öffentlicher Aufgaben nötigen Rechte zu verschaffen. Die formelle Enteignung erfolgt in einem besonderen, gesetzlich geregelten Verfahren und gegen volle Entschädigung (Art. 22ter Abs. 3 BV), mit deren Bezahlung das Recht auf den Enteigner übergeht[2].

III. Begriff der materiellen Enteignung
1. Zum Unterschied zwischen formeller und materieller Enteignung

Gemäss Art. 22ter Abs. 3 BV ist sowohl bei Enteignungen als auch bei Eigentumsbeschränkungen, die einer Enteignung gleichkommen, volle Ent-

---

[1] Vgl. HALLER/KARLEN, N 473 ff.
[2] G. MÜLLER, Art. 22ter BV Rz. 43; HÄFELIN/MÜLLER, Rz. 1600 f., 1681; HESS/WEIBEL, Vorbem. zu Art. 1 EntG N 4 ff.; GRISEL, S. 716; vgl. auch JAGMETTI, Art. 23 BV Rz. 54 ff.

schädigung zu leisten. Enteignung und enteignungsähnliche Eigentumsbeschränkungen werden damit hinsichtlich der Entschädigungspflicht des Gemeinwesens gleich behandelt[3]. Abgesehen davon unterscheiden sich formelle und materielle Enteignung indessen in mehrfacher Hinsicht voneinander[4]: So fehlt es bei der materiellen Enteignung an einer Übertragung oder Einräumung von Rechten an einen Enteigner. Der Enteigner erwirbt also keine Rechte, um seine Aufgaben erfüllen zu können. Der Eingriff besteht vielmehr darin, dass das Gemeinwesen im Interesse der Allgemeinheit, insbesondere aus Gründen der Raumplanung oder des Natur- und Heimatschutzes, Nutzungs- oder Verfügungsbefugnisse beschränkt, und zwar so, dass sich dies für die Berechtigten wie eine Enteignung auswirkt. Die Entschädigungspflicht ist bei der materiellen Enteignung sodann Folge des enteignungsähnlichen Eingriffs, während bei der formellen Enteignung die Entschädigung Voraussetzung für den Rechtsübergang bildet. Schliesslich läuft die formelle Enteignung stets in einem genau geregelten Verfahren gegenüber einzelnen Betroffenen ab, in dem diese einerseits das Enteignungsrecht bestreiten, andererseits Entschädigungsansprüche geltend machen können, und dieses Verfahren schliesst mit der Festsetzung der vom Enteigner zu bezahlenden Entschädigung ab. Die öffentlichrechtlichen Eigentumsbeschränkungen werden dagegen meist generell, für eine Vielzahl von Betroffenen, durch Rechtssätze oder Pläne, ausnahmsweise aber auch durch Verfügungen, angeordnet. Dabei bleibt es den Betroffenen überlassen, ob und in welchem Zeitpunkt sie für den als enteignungsähnlich erachteten Eingriff Entschädigungsansprüche geltend machen wollen.

2. Der bundesgerichtliche Begriff der materiellen Enteignung
a) Bedeutung der Rechtsprechung des Bundesgerichts

Entschädigung ist nach Art. 22ter Abs. 3 BV bei Eigentumsbeschränkungen, die einer Enteignung gleichkommen, zu leisten. Wann eine Eigentumsbeschränkung in ihrer Wirkung einer formellen Enteignung gleichkommt und sich damit materiell als Enteignung auswirkt, ist der Bundesverfassung aller-

---

[3] Beide Tatbestände gehören zu den Fällen der Haftung des Staates für rechtmässiges Handeln. RIVA, S. 228.

[4] Vgl. zum Folgenden BGE 93 I 142 ff. E. 7a (Erben Schulthess und Erben Bäggli c. Kt. Zürich); G. MÜLLER, Art. 22ter BV Rz. 44; HÄFELIN/MÜLLER, Rz. 1696; GRISEL, S. 768 f.; HESS/WEIBEL, Art. 22ter BV N 47; vgl. auch RIVA, S. 246 ff.

dings nicht zu entnehmen. Auch das Bundesgesetz über die Raumplanung (RPG) vom 22. Juni 1979 enthält keine Definition der materiellen Enteignung; die Konkretisierung des Tatbestandes der materiellen Enteignung sollte weiterhin der bundesgerichtlichen Rechtsprechung überlassen werden[5]. So wiederholt Art. 5 Abs. 2 RPG lediglich den in der Bundesverfassung enthaltenen Grundsatz, dass voll zu entschädigen ist, wenn Planungen zu Eigentumsbeschränkungen führen, die einer Enteignung gleichkommen. Materiell brachte diese Vorschrift also nichts Neues. Formell begründet sie jedoch einen direkten bundesgesetzlichen Entschädigungsanspruch des Betroffenen und schliesst im Bereich der Planungsmassnahmen eine von der bundesgerichtlichen Rechtsprechung abweichende Umschreibung der materiellen Enteignung aus. Der Begriff der materiellen Enteignung ist bundesrechtlich abschliessend geregelt und für die Kantone verbindlich[6].

b) Definition der materiellen Enteignung

Eine materielle Enteignung liegt nach der ständigen Praxis des Bundesgerichts[7] vor, «wenn einem Eigentümer der bisherige oder ein voraussehbarer künftiger Gebrauch seines Grundeigentums untersagt oder besonders stark eingeschränkt wird, weil ihm eine aus dem Eigentumsinhalt fliessende wesentliche Befugnis entzogen wird. Geht der Eingriff weniger weit, so kann ausnahmsweise eine Eigentumsbeschränkung einer Enteignung gleichkommen, falls ein einziger oder einzelne Grundeigentümer so getroffen werden, dass ihr Opfer gegenüber der Allgemeinheit unzumutbar erschiene und es mit der Rechtsgleichheit nicht vereinbar wäre, wenn hierfür keine Entschädigung geleistet würde. In beiden Fällen ist die Möglichkeit einer zukünftigen besseren Nutzung der Sache nur zu berücksichtigen, wenn im massgebenden

---

[5] AEMISEGGER, VLP Nr. 36, S. 20 f. – Das in der Volksabstimmung verworfene Raumplanungsgesetz vom 4. Oktober 1974 sah dagegen in Art. 48 eine Definition der materiellen Enteignung vor (vgl. BBl 1974 II 830).

[6] BGE 109 Ib 115 (Staat Zürich c. Hofstetter); 113 Ib 215 f. (Küsnacht ZH c. X. und Mitbeteiligte); 116 Ib 237 (Chur c. Stiftung Priesterseminar St. Luzi); vgl. auch SCHÜRMANN/HÄNNI, S. 493.

[7] Die Umschreibung des Tatbestandes der materiellen Enteignung in ihrer jetzigen Fassung geht auf den Entscheid Barret c. Kt. Neuenburg aus dem Jahre 1965 zurück, BGE 91 I 338 f. = ZBl 68/1967, S. 75 f. – Zur Entwicklung der bundesgerichtlichen Rechtsprechung zur materiellen Enteignung RIVA, S. 18 ff.; PFISTERER, ZBl 89/1988, S. 469 ff.

Zeitpunkt anzunehmen war, sie lasse sich mit hoher Wahrscheinlichkeit in naher Zukunft verwirklichen.»[8]

Das Bundesgericht unterscheidet bei der Umschreibung der materiellen Enteignung somit *zwei verschiedene Tatbestände*[9]:

- Der erste liegt vor, wenn einem Eigentümer der bisherige oder ein voraussehbarer künftiger Gebrauch seiner Sache untersagt oder besonders schwer eingeschränkt wird, weil dem Eigentümer eine wesentliche, aus dem Eigentum fliessende Befugnis entzogen wird[10].
- Der zweite Tatbestand (sog. Sonderopfer) ist gegeben, wenn der Eingriff zwar nicht besonders schwer, aber doch von einer gewissen Intensität ist und ein einziger oder einzelne Eigentümer so betroffen werden, dass ihr Opfer gegenüber der Allgemeinheit unzumutbar erschiene und es mit der Rechtsgleichheit nicht vereinbar wäre, wenn hierfür keine Entschädigung geleistet würde[11]. In der Praxis spielt diese Tatbestandsvariante allerdings nur eine untergeordnete Rolle[12].

In beiden Fällen tritt eine Entschädigungspflicht des Gemeinwesens aber nur ein, wenn im massgebenden Zeitpunkt[13] entweder ein bisheriger, rechtmässig ausgeübter oder ein sehr wahrscheinlich in naher Zukunft möglicher Gebrauch einer Sache eingeschränkt wird[14]. Ob ein künftiger Gebrauch sehr

---

[8] Vgl. etwa BGE 121 II 423 E. 4a (Meilen ZH c. Wille); 119 Ib 128 E. 2b (Seengen AG); 118 Ib 41 E. 2b (Geschwister R. c. Flims GR); 117 Ib 263 f. E. 2 (Etat de Genève); 114 Ib 118 E. 4 (X. c. Trimmis GR); 113 Ia 375 E. 4a = Pra. 78/1989 Nr. 159 (Balli c. Ticino); 112 Ib 389 f. (Prosima Immobilien AG c. Tägerwilen TG); 112 Ib 108 E. 2a (Rothuizen c. Commugny VD).

[9] BGE 110 Ib 32 (Oberstammheim ZH c. Farner); 111 Ib 261 E. 2a (Neeff und Heusler c. Kt. Basel-Stadt).

[10] Vgl. dazu HÄFELIN/MÜLLER, Rz. 1706; HALLER/KARLEN, N 498 ff.; KUTTLER, ZBl 88/1987, S. 193 ff.; PFISTERER, BVR 1990, S. 33 ff.

[11] Dazu LEIMBACHER, S. 82 ff.; G. MÜLLER, Art. 22ter BV Rz. 57 ff.; vgl. auch FEUERSTEIN, S. 15, 129 ff.

[12] Vgl. dazu FEUERSTEIN (S. 124 f.), der aufzeigt, dass sich in der bundesgerichtlichen Rechtsprechung nur gerade sechs Fälle finden lassen, wo das Vorliegen eines Sonderopfers (oder zumindest die Möglichkeit) bejaht wurde.

[13] Für die Beurteilung der Frage, ob eine materielle Enteignung vorliegt, ist grundsätzlich auf das Datum des Inkrafttretens der Eigentumsbeschränkung abzustellen, welche die materielle Enteignung bewirkt, BGE 119 Ib 233 m.w.H (Emmetten NW). Vgl. auch SCHÜRMANN/HÄNNI, S. 514.

[14] Vgl. G. MÜLLER, Art. 22ter BV Rz. 53; SCHÜRMANN/HÄNNI, S. 505.

wahrscheinlich möglich gewesen wäre, beurteilt das Bundesgericht dabei nach den folgenden Kriterien:

«Bei der Beurteilung der Frage, ob ein Grundstück sehr wahrscheinlich in naher Zukunft besser hätte genutzt werden können, sind nach der Rechtsprechung alle rechtlichen und tatsächlichen Gegebenheiten zu berücksichtigen, welche die Überbauungschance beeinflussen können. Dazu gehören das im fraglichen Zeitpunkt geltende Bundesrecht sowie die kantonalen und kommunalen Bauvorschriften, der Stand der kommunalen und kantonalen Planung, die Lage und Beschaffenheit des Grundstücks, die Erschliessungsverhältnisse und die bauliche Entwicklung in der Umgebung (...).

Die verschiedenen Faktoren sind zu gewichten. Dabei ist in erster Linie auf die rechtlichen Gegebenheiten abzustellen. Nur wo das Bauen rein rechtlich zulässig, tatsächlich möglich sowie nach den Umständen mit hoher Wahrscheinlichkeit in naher Zukunft zu erwarten gewesen wäre (...), kann in der Eigentumsbeschränkung, welche die Überbauung ausschliesst, ein besonders schwerer Eingriff gesehen werden, der eine Entschädigungspflicht auslöst. Als Gründe, die gegen die Überbauung eines Grundstücks in naher Zukunft sprechen, nannte das Bundesgericht beispielsweise das Erfordernis einer Ausnahmebewilligung, einer Änderung in der Zonenplanung, eines Erschliessungs-, Überbauungs- oder Gestaltungsplans, einer Baulandumlegung oder weitergehender Erschliessungsarbeiten (...). Auch genügen die Erschliessbarkeit einer Parzelle und unter Umständen selbst deren Erschliessung nicht ohne weiteres, um die Überbaubarkeit in naher Zukunft zu bejahen.»[15]

---

[15] BGE 112 Ib 390 (Prosima Immobilien AG c. Tägerwilen TG) (Rechtsprechungshinweise vom Verfasser weggelassen). Vgl. auch BGE 114 Ib 103 E. 2 (B. und F. c. Cully VD); 112 Ib 109 f. E. 2b (Rothuizen c. Commugny VD); 109 Ib 16 (Einwohnergemeinde Bern c. Schenk-Käser); RIVA, S. 164 ff.

2. Teil:

Das Institut des Heimschlagsrechts

§ 3 Begriff und Abgrenzungen

I. Terminologie

Neben dem Kanton Zürich kennen auch die meisten der übrigen Kantone Heimschlagsrechte, wenn auch in der Regel unter einer anderen Bezeichnung. Es ist daher angezeigt, zunächst einen Überblick über die verschiedenen in Gesetzgebung, Rechtsprechung und Literatur für das Institut des Heimschlags verwendeten Bezeichnungen zu geben.

1. Der Begriff Heimschlagsrecht findet sich in der *Gesetzgebung* der Kantone Zürich, Appenzell Innerrhoden, Nidwalden, Obwalden, Uri und Zug[1]. In den anderen Kantonen sind Bezeichnungen anzutreffen wie Begehren um Übernahme des Grundstücks[2], Übertragung des Rechts oder Übergabe des Grundstücks[3], Übernahmepflicht[4], Ausdehnung (der Enteignung) oder Extension[5], Enteignung[6] sowie Begehren um formelle Enteignung[7].

Interessant ist hierbei, dass sich aus der verwendeten Bezeichnung in der Regel ableiten lässt, welches die gesetzliche Grundlage der entsprechenden Regelung bildet. Die Ausdrücke Heimschlagsrecht, Übernahmepflicht sowie Begehren um formelle Enteignung kommen vor allem in den kantonalen Planungs- und Baugesetzen vor[8]. Der Begriff Ausdehnung (Extension), der aus dem formellen Enteignungsrecht stammt, findet sich hingegen ausnahmslos in den kantonalen Enteignungsgesetzen[9].

---

[1] **AI**: Art. 46 BauG; **NW**: Art. 14 Heimatschutzgesetz; **OW**: Art. 26 BauG; **UR**: Art. 16 Natur- und Heimatschutzgesetz; **ZG**: § 30 BauG; § 5 StrG (Änderung); § 32 Denkmalschutzgesetz; **ZH**: §§ 41 ff., 103 f., 119, 165, 202 und 214 PBG. – Der Kanton Basel-Landschaft sieht im Entwurf zu einem neuen Raumplanungs- und Baugesetz ebenfalls den Begriff des Heimschlagsrechts vor (§ 81 Abs. 1 des Entwurfs).

[2] **AR**: Art. 64 Abs. 1 EG zum RPG; **BS**: §§ 43, 44 Abs. 1 Anhang zum HBG; **GR**: Art. 54 Abs. 3 KRG.

[3] **FR**: Art. 134 EntG; **LU**: § 81 EntG; **SH**: Art. 6 Abs. 2 und Art. 13 Abs. 1 BauG.

[4] **GL**: Art. 64 – 66 StrG; **LU**: § 105 PBG; **NW**: Art. 122 BauG; **SZ**: § 34 Abs. 2 PBG.

[5] **BS**: § 7 EntG; **SH**: Art. 47e EntG; **TG**: § 13 EntG; **VD**: Art. 118 LE.

[6] **SG**: Art. 57 f. EntG; Art. 100 Abs. 3 BauG.

[7] **AG**: § 140 BauG; **FR**: Art. 140 Abs. 2 RPBG; **SO**: § 232 Abs. 3 EG ZGB.

[8] Vgl. Anm. 1, 4 und 7.

[9] Vgl. Anm. 5.

2. In der *Rechtsprechung* des Bundesgerichts ist vorwiegend der Begriff Heimschlagsrecht anzutreffen. Daneben finden sich auch noch die Bezeichnungen Ausdehnungs- und Übernahmerecht[10].

3. In der *Lehre* wird grundsätzlich der Ausdruck Heimschlagsrecht verwendet. In der Literatur der welschen Schweiz kommen neben dem Begriff des Heimschlagsrechts[11] auch noch die Bezeichnungen droit à l'expropriation[12], extension[13], appropriation (par l'Etat)[14] sowie droit de délaissement[15] vor.

II. Definition und Übersicht über Erscheinungsformen des Heimschlagsrechts

Unter Heimschlagsrecht versteht man das *Recht des von einer öffentlichrechtlichen Eigentumsbeschränkung betroffenen Eigentümers, vom Gemeinwesen die Übernahme seines Grundstücks zu Eigentum zu verlangen*[16]. Das Heimschlagsrecht bezweckt demnach, das Gemeinwesen zur Übernahme eines belasteten Grundstücks zu verpflichten, an dem der Eigentümer nicht mehr interessiert ist[17]. Dieser kann mittels des Heimschlagsrechts die formelle Enteignung des Objekts erwirken[18]. Dabei steht ihm ein Anspruch auf Übernahme des Eigentums durch das Gemeinwesen zu, sofern die entsprechenden gesetzlichen Voraussetzungen erfüllt sind[19].

---

[10] BGE 114 Ib 177 (Erbengemeinschaft J. c. Stadt Schaffhausen); BGE in ZBl 88/1987, S. 65 (Lyss BE).

[11] Vgl. AUBERT, Traité (supplément), no 2201; GRISEL, S. 718, 779; MOOR, Vol. II, S. 489; DERSELBE, Vol. III, S. 399 f.; ROUILLER, S. 16.

[12] KNAPP, droit administratif, no 2265bis.

[13] ROUILLER, S. 16.

[14] GRISEL, S. 718, 779; MOOR, Vol. III, S. 399 f.

[15] AUBERT, renchérissement, N 181.

[16] VOLLENWEIDER, ZBGR 1980, S. 223; KLAMETH, S. 1 f., der diesen Fall als Heimschlagsrecht im engeren Sinne bezeichnet (zum Heimschlagsrecht im weiteren Sinne, hinten S. 16 bei Anm. 25). Vgl. ausserdem HALLER/KARLEN, N 478; HÄFELIN/MÜLLER, Rz. 1718; GRISEL, S. 718; GUTZWILLER, S. 103.

[17] BGE in ZBl 83/1982, S. 208 (Blaser und Lüthi c. Staat Zürich); AEMISEGGER, VLP Nr. 36, S. 83; VOLLENWEIDER, ZBl 76/1975, S. 340.

[18] Dazu hinten S. 21 f.

[19] BGE in ZBl 87/1986, S. 453 (Stadt Luzern); BGE in ZBl 83/1982, S. 208, 210 (Blaser und Lüthi c. Staat Zürich).

§ 3 Begriff und Abgrenzungen

Beim Heimschlagsrecht handelt es sich um ein *Institut des kantonalen Rechts*; es bleibt dem kantonalen Gesetzgeber überlassen, ob er ein Heimschlagsrecht vorsehen will und in welcher Form[20]. In der kantonalen Gesetzgebung lassen sich denn auch verschiedene Ausgestaltungen des Heimschlagsrechts feststellen. Teilweise wird dem Grundeigentümer das Heimschlagsrecht zugestanden, wenn er von einer materiellen Enteignung betroffen ist und eine bestimmungsgemässe Verwendung des Grundstücks nicht mehr möglich oder unverhältnismässig erschwert ist[21]. Andere kantonale Regelungen räumen dem von einer materiellen Enteignung betroffenen Grundeigentümer ein Heimschlagsrecht ein, wenn die Entschädigung für die materielle Enteignung eine bestimmte Höhe erreicht, beispielsweise wenn die Entschädigung mehr als zwei Drittel des Verkehrswertes des Grundstücks beträgt[22]. Gewisse Kantone schliesslich – so auch der Kanton Zürich – gewähren ein Heimschlagsrecht nur bei Vorliegen bestimmter Voraussetzungen, etwa im Zusammenhang mit Freihaltezonen, Baulinien, Zonen für öffentliche Bauten und Anlagen oder Natur- und Heimatschutzmassnahmen[23]. Zum Teil wird auch in diesen Fällen das Vorliegen einer materiellen Enteignung vorausgesetzt; dies ist allerdings nicht zwingend. So bedarf es für die Ausübung der zürcherischen Heimschlagsrechte – mit Ausnahme desjenigen des Natur- und Heimatschutzrechts – keiner materiellen Enteignung. Zu eng erweist sich folglich die in einem Teil der Literatur anzutreffende Definition, wonach das Heimschlagsrecht das Recht des von einer *materiellen Enteignung* betroffenen Eigentümers sei, vom Gemeinwesen die Übernahme seines Grundstücks zu verlangen[24].

---

[20] Dazu hinten S. 18 ff.
[21] **AG**: § 140 Abs. 1 BauG; **BS**: § 7 Abs. 1 EntG; **LU**: § 81 Abs. 1 EntG; **TG**: § 13 Abs. 1 EntG.
[22] **AG**: § 140 Abs. 2 BauG; **FR**: Art. 134 Abs. 1 EntG; **GR**: Art. 54 Abs. 3 KRG; **SG**: Art. 57 Abs. 1 lit. a EntG; **SH**: Art. 47e Abs. 1 EntG; **SO**: § 232 Abs. 3 EG ZGB; **VD**: Art. 118 LE.
[23] Dazu hinten §§ 8 ff.
[24] So JOLLER, S. 156; ebenso noch AEMISEGGER, VLP Nr. 23 (1978), S. 27; anders hingegen DERSELBE, VLP Nr. 36 (1983), S. 83 f.

III. Abgrenzungen

In der vorliegenden Arbeit wird unter dem Begriff des Heimschlagsrechts nur das Recht des von einer öffentlichrechtlichen Eigentumsbeschränkung betroffenen Eigentümers verstanden, die Übernahme seines Grundstücks durch das Gemeinwesen zu verlangen. Nicht verwendet wird dieser Begriff dagegen für die nachfolgenden Tatbestände.

1. Das Recht des Gemeinwesens, ein Grundstück zu übernehmen

a) Zum Teil verwendet die Lehre und Rechtsprechung den Begriff des Heimschlagsrechts auch für das Recht des wegen einer materiellen Enteignung entschädigungspflichtigen Gemeinwesens, das Eigentum am belasteten Grundstück zu übernehmen[25]. Ein solches Recht räumt beispielsweise Art. 140 Abs. 2 des Baugesetzes des Kantons Aargau ein. Danach kann das Gemeinwesen die formelle Enteignung verlangen, wenn die für die materielle Enteignung zu leistende Entschädigung mehr als zwei Drittel des Verkehrswertes des Rechtes ausmacht. Aber auch andere Kantone erteilen dem Gemeinwesen das Enteignungsrecht, wenn dieses für eine materielle Enteignung eine Entschädigung zu erbringen hat, welche im Verhältnis zum Verkehrswert des Grundstücks ein gewisses Ausmass übersteigt[26]. Im Kanton Zürich wird dieses Recht des Gemeinwesens, ein Grundstück zu übernehmen, Zugrecht genannt[27].

b) Ein weiterer Enteignungsanspruch steht dem Gemeinwesen in den Fällen zu, in denen ihm mit der rechtskräftigen Festsetzung eines Planes das Enteignungsrecht erteilt wird. So sieht etwa Art. 27 Abs. 4 des bündnerischen

---

[25] AEMISEGGER, VLP Nr. 23, S. 27; DERSELBE, VLP Nr. 36, S. 84; KLAMETH, S. 2 f.; DILGER, § 19 N 56; MOOR, Vol. II, S. 489; G. MÜLLER, Art. 22ter BV Anm. 117; BGE in ZBl 89/1988, S. 558 (Erbengemeinschaft St. c. Küsnacht ZH).

[26] **AI:** Art. 47 BauG; **BS:** § 7 Abs. 2 EntG; **FR:** Art. 134 Abs. 2 EntG; **GR:** Art. 54 Abs. 3 KRG; **LU:** § 81 Abs. 2 EntG; **NE:** Art. 103 LEXUP; **SG:** Art. 57 Abs. 1 lit. b EntG; **SH:** Art. 47e Abs. 2 EntG; **SZ:** § 35 Abs. 2 PBG; **SO:** 232 Abs. 3 EG ZGB; **TG:** § 13 Abs. 2 EntG; **VD:** Art. 118 LE; **ZH:** § 43a PBG.

[27] Entsprechend lautet seit der Revision des PBG vom 1. September 1991 die Marginalie zu § 43a. Die Marginalie zu der bisherigen Regelung des § 63 PBG (in der Fassung vom 7. September 1975) lautete dagegen «Zusprechung des Eigentums». Dieses Recht wurde indessen schon vor der Revision des PBG üblicherweise als Zugrecht bezeichnet. Vgl. etwa RB 1977 Nr. 118 = ZBl 78/1977, S. 559 ff.; RB 1979 Nr. 114; 1987 Nr. 96.

Raumplanungsgesetzes[28] vor, dass die Gemeinde nach der Genehmigung des Zonenplans für öffentliche Bauten und Anlagen durch schriftliche Bekanntgabe ihres Angebotes die Übertragung des Eigentums an sich verlangen kann[29]. Ein solches Übernahmebegehren der Gemeinde hat das Bundesgericht schon verschiedentlich als Heimschlagsrecht bezeichnet[30].

2. Ausdehnung der Enteignung auf Begehren des Enteigneten

Benötigt ein Enteigner zur Erfüllung seiner öffentlichen Aufgaben von einem Grundstück oder mehreren wirtschaftlich zusammengehörenden Grundstücken nur einen Teil, so steht dem Enteigneten im allgemeinen das Recht zu, die Enteignung des ganzen Grundstücks zu verlangen, wenn der verbleibende Teil nicht mehr bestimmungsgemäss verwendet werden kann oder dies nur noch unter unverhältnismässig erschwerten Bedingungen möglich ist[31]. Dieses Recht des Enteigneten, die Totalübernahme seines Grundstücks zu verlangen, wird üblicherweise als Ausdehnungsrecht bezeichnet, teilweise aber auch als Heimschlagsrecht[32]. Wie bereits gezeigt worden ist, findet der Ausdruck Ausdehnungsrecht indessen auch als Bezeichnung für das Institut des Heimschlagsrechts Anwendung[33]. Vorliegend wird zwischen dem Ausdehnungs- und Heimschlagsrecht klar unterschieden. Der Begriff Ausdehnungsrecht umfasst nur das dem Enteigneten zustehende Recht, die Ausdehnung einer teilweisen formellen Enteignung in eine vollständige Enteignung zu verlangen.

---

[28] Art. 27 Abs. 4 KRG in der Fassung vom 6. Dezember 1987 entspricht Art. 27 Abs. 3 KRG in der Fassung vom 20. Mai 1973.

[29] Im Kanton Zürich wird dem Gemeinwesen bei den Bau- und Niveaulinien sowie beim Werkplan das Enteignungsrecht eingeräumt (§§ 110, 116 PBG). Vgl. etwa auch **AG:** § 132 BauG; **AI:** Art. 45 Abs. 1 BauG; **BE:** Art. 128 BauG; **SH:** Art. 6 Abs. 2 und Art. 13 Abs. 1 BauG; **ZG:** § 31 Abs. 1 BauG.

[30] BGE 114 Ib 115 (X. c. Trimmis GR); 110 Ib 257 (Philipp c. Savognin GR).

[31] Vgl. dazu hinten S. 36 f.

[32] So BGE 93 I 153 (Erben Schulthess und Erben Bäggli c. Kt. Zürich); Verwaltungsgericht Zürich, RB 1971 Nr. 82; 1979 Nr. 85; 1984 Nr. 123; DILGER, § 11 N 138, § 19 N 54; IMBODEN/RHINOW, S. 964.

[33] Vgl. vorne S. 13 f.

§ 4 Das Heimschlagsrecht und die Eigentumsgarantie

I. Ausgangslage

Im folgenden soll der Frage nachgegangen werden, ob aus der Eigentumsgarantie ein Anspruch auf Heimschlagung abgeleitet werden kann. Ist das Gemeinwesen mit anderen Worten verpflichtet, ein von einer Eigentumsbeschränkung betroffenes Grundstück auf Verlangen des Eigentümers zu übernehmen? Bevor auf diese Frage eingetreten wird, ist zunächst Funktion und Inhalt der Eigentumsgarantie zu erörtern.

II. Inhalt der Eigentumsgarantie

Die von der schweizerischen Bundesverfassung in Art. 22ter gewährleistete Eigentumsgarantie beinhaltet drei Schutzrichtungen[1]. Als *Institutsgarantie* verbietet sie dem Gesetzgeber, das Eigentum als Institut der schweizerischen Rechtsordnung in Frage zu stellen. Der Gesetzgeber darf keine Normen erlassen, welche das Rechtsinstitut Eigentum beseitigen, aushöhlen, seiner Substanz berauben oder seinen Wesenskern antasten. Als *Bestandesgarantie* schützt die Eigentumsgarantie den Bestand konkreter Vermögensrechte des einzelnen vor staatlichen Eingriffen. Eine Beschränkung dieser Vermögensrechte ist zulässig, wenn der Eingriff auf einer genügenden gesetzlichen Grundlage beruht, im öffentlichen Interesse liegt und der Grundsatz der Verhältnismässigkeit gewahrt wird. Verletzt ein staatlicher Eingriff in das Eigentum weder die Instituts- noch die Bestandesgarantie, bleibt zu prüfen, ob das Gemeinwesen für den Eingriff entschädigungspflichtig wird. Hierbei handelt es sich um die dritte Schutzrichtung der Eigentumsgarantie: die *Wertgarantie*. Das Gemeinwesen hat nach Art. 22ter Abs. 3 BV bei Enteignungen und bei Eigentumsbeschränkungen, die einer Enteignung gleichkommen, volle Entschädigung zu leisten.

---

[1] Vgl. zum Folgenden statt vieler G. MÜLLER, Art. 22ter BV Rz. 12 ff.

III. Beinhaltet die Eigentumsgarantie ein Recht auf Heimschlagung?

Gemäss Art. 22ter Abs. 3 BV ist bei einer materiellen Enteignung volle Entschädigung zu leisten. Das bedeutet, dass der von einer materiellen Enteignung Betroffene nach der Eigentumsbeschränkung in der gleichen ökonomischen Situation sein soll wie vorher, das heisst weder ärmer noch reicher[2]. Der Anspruch auf volle Entschädigung beinhaltet im wesentlichen *Ersatz des Minderwertes* der durch eine Eigentumsbeschränkung betroffenen Rechte[3]. Dieser Ersatz des Minderwertes lässt sich in aller Regel *nur durch Geldleistung* erbringen[4].

Ein weitergehender Anspruch lässt sich aus der *Eigentumsgarantie* nicht ableiten. Wie das Bundesgericht im Jahre 1967 im Entscheid Erben Schulthess festgehalten hat, fliesst weder aus der Eigentumsgarantie noch aus dem Prinzip der vollen Entschädigung ein Anspruch auf Heimschlagung. Die Eigentumsgarantie begründet nur einen Anspruch auf Entschädigung in Geld, nicht aber auf Übernahme des durch einen enteignungsähnlichen Eingriff betroffenen Grundstücks durch das Gemeinwesen. Deshalb halten kantonale Regelungen, die im Zusammenhang mit einer materiellen Enteignung kein Heimschlagsrecht gewähren, vor der Eigentumsgarantie stand[5]. Dass der kantonale Gesetzgeber keine Heimschlagsrechte vorzusehen hat, die unabhängig vom Vorliegen einer materiellen Enteignung geltend gemacht werden können, liegt auf der Hand[6].

---

[2] G. MÜLLER, Art. 22ter BV Rz. 66; J.P. MÜLLER, S. 346.
[3] Vgl. dazu etwa MERKER, S. 84 ff.; SCHÜRMANN/HÄNNI, S. 545 ff.; ZIMMERLI, S. 155 f.
[4] MERKER, S. 123; GUT, S. 153.
[5] BGE 93 I 153 E. 9a (Erben Schulthess und Erben Bäggli c. Kt. Zürich). Vgl. ausserdem Verwaltungsgericht Zürich, RB 1979 Nr. 85; BEZ 1986 Nr. 23, S. 29 (Küsnacht c. T. AG) und Revisionsentscheid in derselben Sache RB 1987 Nr. 91 (nicht publizierte E. 4b); ZBl 88/1987, S. 175 E. 5b (Küsnacht c. X. und Mitbeteiligte); Verwaltungsgericht St. Gallen, SGGVP 1979, S. 17; Enteignungsgericht Basel-Landschaft, BJM 1986, S. 166, sowie IMBODEN/RHINOW, S. 964; RHINOW/KRÄHENMANN, S. 415; SCHÜRMANN/ HÄNNI, S. 476; ZIMMERLI, S. 156; ZIMMERLIN, Kommentar Baugesetz, § 216 N 1.
[6] Vgl. BGE 102 Ia 250 f. (Neef-Schäfer c. Kt. Basel-Stadt).

Auch aus Art. 5 Abs. 2 des *Bundesgesetzes über die Raumplanung*, der den in der Eigentumsgarantie enthaltenen Grundsatz wiederholt, dass bei Eigentumsbeschränkungen, die einer Enteignung gleichkommen, volle Entschädigung zu leisten ist[7], lässt sich kein Anspruch auf Heimschlagung ableiten[8].

Beim Heimschlagsrecht handelt es sich folglich um ein *Institut des kantonalen Rechts*. Es bleibt dem kantonalen Gesetzgeber überlassen, ob er ein Heimschlagsrecht vorsehen will, sei es auf einen enteignungsähnlichen, sei es auf einen weniger weitgehenden Eingriff hin[9].

---

[7] Dazu BGE 113 Ib 216 E. 2b (Küsnacht ZH c. X. und Mitbeteiligte), sowie vorne S. 7.

[8] BGE 114 Ib 177 E. 3a (Erbengemeinschaft J. c. Stadt Schaffhausen). – Das BGr hat ausserdem in einem den Kanton Zürich betreffenden Entscheid festgehalten, dass es sich beim Heimschlagsrecht nicht um einen Ausgleich i.S.v. Art. 5 Abs. 1 RPG handelt; BGE 113 Ib 215 E. 2a (Küsnacht ZH c. X. und Mitbeteiligte).

[9] BGE 114 Ib 177 E. 3a (Erbengemeinschaft J. c. Stadt Schaffhausen).

§ 5 Heimschlagsrecht und Enteignung

I. Verhältnis des Heimschlagsrechts zur formellen Enteignung

In Lehre und Praxis wird die Ansicht vertreten, die Übernahme eines Grundstücks durch das Gemeinwesen auf Initiative des Grundeigentümers stelle eine *formelle Enteignung* dar[1]. Nach Auffassung des Bundesgerichts handelt es sich bei jenen Heimschlagsrechten, die unabhängig vom Vorliegen einer materiellen Enteignung geltend gemacht werden können, um Fälle formeller Enteignung nach kantonalem Recht[2]. Bei den Heimschlagsrechten, die das kantonale Recht als Folge einer materiellen Enteignung gewährt, geht das Bundesgericht davon aus, dass die materielle Enteignung durch eine formelle ergänzt wird[3]. Diese Ansicht wird vom Zürcher Verwaltungsgericht geteilt[4]. In der Lehre wird vereinzelt aber auch die Meinung vertreten, das Heimschlagsrecht bilde das *Gegenstück zur Enteignung*[5]. NABHOLZ begründet seine Auffassung damit, dass durch den Heimschlag nicht der einzelne zwangsweise zur Abtretung verpflichtet werde, sondern dass der Grundeigentümer die Gemeinde zur Übernahme seines Grund und Bodens zwingen könne. GUTZWILLER ist demgegenüber der Meinung, dass das Heimschlagsrecht nicht als eigentlicher Gegensatz zur formellen Enteignung bezeichnet werden könne. Zwar gehe der Antrag auf Wegnahme des Grundeigentums im Gegensatz zur formellen Enteignung vom Grundeigentümer aus. Das Land gehe aber – wie bei der formellen Enteignung – gegen volle Entschädigung ins Eigentum des Gemeinwesens über[6].

Auf den ersten Blick mag die in Lehre und Praxis vertretene Auffassung, wonach die Übernahme eines Grundstücks durch das Gemeinwesen auf Initiative des Grundeigentümers eine formelle Enteignung darstelle, nur schwer ver-

---

[1] AUBERT, Traité (supplément), no 2201; KNAPP, Verwaltungsrecht, Nr. 2265; MOOR, Vol. II, S. 489; RIVA, S. 194; WOLF, S. 11; ZIMMERLIN, Kommentar Baugesetz, § 216 N 1.

[2] BGE in ZBl 83/1982, S. 209 (Blaser und Lüthi c. Staat Zürich).

[3] BGE 108 Ib 338 (Sarnen OW c. Abegg).

[4] BEZ 1989 Nr. 39 E. c (Fall Hörnligraben, Wallisellen); RB 1990 Nr. 105 = ZBl 92/1991, S. 474 (Unterengstringen). – Eingehend zum Ganzen sogleich S. 22 ff.

[5] NABHOLZ, S. 90; POLEDNA, S. 269, allerdings ohne nähere Begründung.

[6] GUTZWILLER, S. 103 Anm. 57.

ständlich erscheinen, unterscheiden sich Heimschlagsrecht und formelle Enteignung doch darin, dass beim Heimschlagsrecht die Initiative für den Eigentumsübergang vom Grundeigentümer ausgeht, während das Enteignungsverfahren – von wenigen Ausnahmen abgesehen – stets auf Initiative des Enteigners eröffnet wird[7]. Das Ergebnis bleibt aber beim Heimschlag und bei der formellen Enteignung dasselbe: Die Ausübung des Heimschlagsrechts durch den Grundeigentümer wie auch die formelle Enteignung führen zum Erwerb von Eigentum durch das Gemeinwesen. Beim Heimschlagsrecht handelt es sich folglich um das Recht des Grundeigentümers, vom Gemeinwesen unter bestimmten Voraussetzungen die *formelle Enteignung* seines Grundstücks zu verlangen. Verschiedene Kantone umschreiben das Heimschlagsrecht auch in diesem Sinne. So ist gemäss § 232 Abs. 3 EG ZGB des Kantons Solothurn der Eigentümer berechtigt, die formelle Enteignung geltend zu machen, wenn die Entschädigung für eine materielle Enteignung mehr als die Hälfte des Verkehrswertes des Grundstücks beträgt. Nach Art. 57 Abs. 1 lit. a EntG des Kantons St. Gallen kann der Eigentümer die formelle Enteignung verlangen, wenn die Entschädigung für die materielle Enteignung zwei Drittel des Marktwertes des Grundstücks übersteigt[8].

II. Das Heimschlagsrecht als Spezialfall der formellen Enteignung und als Folge der materiellen Enteignung

Im Anschluss an die bundesgerichtliche Rechtsprechung[9] wird in der Literatur[10] zwischen *zwei Erscheinungsformen* des Heimschlagsrechts unterschieden, nämlich zwischen

– dem Heimschlagsrecht als Spezialfall der formellen Enteignung und
– dem Heimschlagsrecht als Folge der materiellen Enteignung.

---

[7] RHINOW/KRÄHENMANN, S. 387. Namentlich formelle Enteignungsverfahren wegen Enteignung nachbarrechtlicher Abwehrrechte können auf Initiative des Enteigneten eingeleitet werden, BGE 112 Ib 176 ff.

[8] Vgl. auch **AG**: Art. 140 Abs. 1 BauG; **SH**: Art. 47e EntG.

[9] BGE in ZBl 83/1982, S. 208 f. (Blaser und Lüthi c. Staat Zürich); BGE 108 Ib 338 (Sarnen OW c. Abegg).

[10] AEMISEGGER, VLP Nr. 36, S. 83 f.; vgl. auch SCHÜRMANN/HÄNNI, S. 476, 515 f.; KLAMETH, S. 2.

Diese Unterscheidung wurde vom Zürcher Verwaltungsgericht übernommen[11]. Im folgenden sollen diese beiden Erscheinungsformen dargestellt und auf die praktische Bedeutung dieser in Lehre und Rechtsprechung vorgenommenen Unterscheidung näher eingegangen werden.

1. Das Heimschlagsrecht als Spezialfall der formellen Enteignung

Als ein Anwendungsfall der formellen Enteignung wird das Heimschlagsrecht dann bezeichnet, wenn es als selbständiges Institut des kantonalen Rechts ausgestaltet ist, das den Grundeigentümer *unabhängig vom allfälligen Vorliegen einer materiellen Enteignung* ermächtigt, die Impropriation oder zwangsweise Zueignung eines Grundstücks an das zuständige Gemeinwesen zu verlangen[12].

Diese Heimschlagsrechte können somit auch dann geltend gemacht werden, wenn die dem Heimschlag zugrundeliegende Planungsmassnahme *keine materielle Enteignung* bewirkt. Darin liegt der wichtigste Unterschied zu der zweiten Erscheinungsform des Heimschlagsrechts.

Die einzelnen Elemente der zuvor gegebenen Umschreibung werden nachfolgend erörtert.

a) Das Heimschlagsrecht als selbständiges Institut des kantonalen Rechts

1982 hat das Bundesgericht im Entscheid Blaser und Lüthi ausgeführt, dass es sich bei einem Heimschlagsrecht, das unabhängig vom allfälligen Vorliegen einer materiellen Enteignung geltend gemacht werden kann, um ein *selbständiges Institut des kantonalen Rechts* handle[13]. Im Jahre 1988 hat das Bundesgericht diese Aussage indessen präzisiert[14]. So darf dann, wenn die dem Heimschlagsrecht zugrundeliegende Planungsmassnahme zu einer materiellen Enteignung führt, die Entschädigung nicht ausschliesslich nach den kantonalen Vorschriften bemessen werden. Für die materielle Enteignung

---

[11] BEZ 1989 Nr. 39 E. c (Fall Hörnligraben, Wallisellen); RB 1990 Nr. 105 = ZBl 92/1991, S. 474 (Unterengstringen). Vgl. auch Enteignungsgericht Basel-Landschaft, BJM 1986, S. 163.
[12] AEMISEGGER, VLP Nr. 36, S. 83.
[13] BGE in ZBl 83/1982, S. 208 (Blaser und Lüthi c. Staat Zürich).
[14] BGE 114 Ib 177 E. 3a (Erbengemeinschaft J. c. Stadt Schaffhausen).

steht dem Eigentümer nämlich ein bundesrechtlicher Anspruch auf volle Entschädigung nach Art. 5 Abs. 2 RPG zu, der durch kantonale Bestimmungen nicht geschmälert werden darf. Die Tatsache allein, dass ein Heimschlagsrecht *auch* für nicht enteignungsähnlich wirkende Eingriffe zur Verfügung gestellt wird, bedeutet – wie das Bundesgericht festhält – noch nicht, dass dieses ein selbständiges Institut des kantonalen Rechts sei und nie Folge einer Planungsmassnahme im Sinne des RPG sein könne.

b) Die Umschreibung des Heimschlagsrechts als Impropriation

aa) *Ausgangspunkt:* Nach Ansicht des Zürcher Verwaltungsgerichts handelt es sich beim Heimschlagsrecht, das unabhängig vom Vorliegen einer materiellen Enteignung besteht, um eine Impropriation[15]. Bereits in seiner Rechtsprechung zu § 29 des alten Baugesetzes für Ortschaften mit städtischen Verhältnissen vom 23. April 1893[16] ging das Verwaltungsgericht davon aus, dass der Heimschlag eine vom Grundeigentümer begehrte Impropriation des Gemeinwesens sei[17]. Das Bundesgericht folgte im Entscheid Blaser und Lüthi dieser Auffassung des Verwaltungsgerichts. Das Heimschlagsrecht gemäss § 29 des nun aufgehobenen Baugesetzes von 1893 stelle – so das Bundesgericht – eine vom Grundeigentümer begehrte Impropriation oder zwangsweise Zueignung eines Grundstücks an das zuständige Gemeinwesen dar. Es handle sich dabei um einen bei Erfüllung der gesetzlichen Voraussetzungen gegebenen Übernahme- oder Impropriationsanspruch[18]. Zunächst ist der Frage nachzugehen, was unter Impropriation überhaupt zu verstehen ist.

bb) *Impropriation (Eigentumszuweisung, Zueignung):* Im allgemeinen wird unter Impropriation die *öffentlichrechtliche Verpflichtung eines Privaten*

---

[15] BEZ 1989 Nr. 39 E. c, d (Fall Hörnligraben, Wallisellen); RB 1990 Nr. 105 = ZBl 92/1991, S. 475 (Unterengstringen).

[16] Dazu hinten S. 74 ff.

[17] VGr, 31. Januar 1980, E. 2, Leitsatz in RB 1980 Nr. 144; RB 1979 Nr. 85; 1978 Nr. 118; ZBl 69/1968, S. 238 = ZR 66 Nr. 172. – Die Rechtsprechung zu § 29 BauG basiert wohl auf dem von MAAG/MÜLLER verfassten Kommentar zum Baugesetz aus dem Jahre 1907. So führen MAAG/MÜLLER (§ 12 N 2) aus, dass der Grundeigentümer mit dem Heimschlagsrecht die ganze Liegenschaft *zwangsweise der Gemeinde zueignen* könne.

[18] BGE in ZBl 83/1982, S. 207 ff. (Blaser und Lüthi c. Staat Zürich). Vgl. auch SCHÜRMANN/HÄNNI, S. 476.

verstanden, *ein Grundstück zu übernehmen*. Im Unterschied zur formellen Enteignung wird dem Grundeigentümer nicht ein Recht entzogen, sondern es wird ihm Eigentum an einem Grundstück zugewiesen. Der Grundeigentümer ist verpflichtet, das ihm zugewiesene Grundstück zu übernehmen und den Landwert durch Geldzahlung auszugleichen. Die Impropriation kann somit als Gegenstück zur formellen Enteignung bezeichnet werden[19].

Die Frage der Impropriation stellt sich vor allem im Zusammenhang mit Restparzellen, die sich beispielsweise ergeben können bei Landumlegungen[20], bei Aufhebung einer Strasse oder wenn ein Teil eines Grundstücks, das für ein öffentliches Werk enteignet wurde, nicht benötigt wird[21]. So besteht nach § 53 des baselstädtischen Gesetzes über Enteignung und Impropriation eine Impropriation darin, dass Eigentümer von Parzellen, welche an Grundstücke anstossen, die sich zur selbständigen baulichen Verwertung nicht eignen, diese Abschnitte gegen Vergütung übernehmen müssen.

cc) *Das Heimschlagsrecht als Impropriation:* Wie bereits erwähnt, sind das Zürcher Verwaltungericht wie auch das Bundesgericht der Auffassung, dass das Heimschlagsrecht, das unabhängig vom Vorliegen einer materiellen Enteignung ausgeübt werden kann, eine Impropriation darstellt. Das Verwaltungsgericht und das Bundesgericht gehen dabei von einer anderen als der soeben gegebenen Umschreibung der Impropriation aus. Beim Heimschlag handle es sich um eine Impropriation, zu der nicht der Grundeigentümer, sondern das Gemeinwesen gezwungen werde[22]. Die Impropriation wird demnach als Verpflichtung des Gemeinwesens verstanden, ein Grundstück zu übernehmen.

dd) *Kritik an der gerichtlichen Terminologie:* Dass es sich nicht empfiehlt, im Zusammenhang mit den Heimschlagsrechten vom üblichen Verständnis der Impropriation (Verpflichtung eines Privaten, ein Grundstück zu übernehmen) abzuweichen, soll anhand des folgenden Beispiels erläutert werden:

Das Verwaltungsgericht Zürich hatte sich im Fall Hörnligraben zur Frage zu äussern, ob das Heimschlagsrecht gemäss § 41 Abs. 1 PBG (Heimschlags-

---

[19] HALLER/KARLEN, N 477; ZIMMERLIN, Kommentar Baugesetz, § 189 N 1; GUTZWILLER, S. 107.
[20] Vgl. BGE in ZBl 84/1983, S. 179 ff. (Oberrieden ZH); BGE 118 Ia 164 f. (Erbengemeinschaft D. c. Bottmingen BL).
[21] Vgl. z.B. **AG**: § 135 BauG; **SO**: § 234 EG ZGB; **ZG**: § 31 BauG.
[22] RB 1990 Nr. 105 = ZBl 92/1991, S. 475 (Unterengstringen).

recht bei Freihaltezonen) unabhängig vom Vorliegen einer materiellen Enteignung geltend gemacht werden könne. Es führte dazu aus, dass das Heimschlagsrecht in zwei verschiedenen Erscheinungsformen auftreten könne, nämlich als Spezialfall der formellen sowie als Folge der materiellen Enteignung. Sodann gelangte es zum Schluss, dass der Heimschlag gemäss § 41 Abs. 1 PBG der ersten Kategorie zuzurechnen sei, und hielt fest: «Somit [ist] der Heimschlag nach § 41 Abs. 1 PBG als Impropriation ein Anwendungsfall der formellen Enteignung.»[23]

Diese Aussage zeigt, wie unglücklich die Bezeichnung des Heimschlagsrechts als Impropriation gewählt ist. Versteht man den Begriff der Impropriation im herkömmlichen Sinne als Verpflichtung des Privaten, ein Grundstück zu übernehmen, und fasst in Folge dessen die Impropriation als Gegenstück zur formellen Enteignung auf, bleibt die Aussage, die Impropriation sei ein Anwendungsfall der formellen Enteignung, unverständlich. Wie kann das Gegenstück der formellen Enteignung ein Anwendungsfall derselben sein? Zugunsten einer klaren Terminologie ist es angezeigt, auf die Bezeichnung des Heimschlagsrechts als Impropriation zu verzichten. Der Begriff der Impropriation sollte *beschränkt* bleiben auf die Verpflichtung des Privaten, ein Grundstück zu übernehmen[24].

2. Das Heimschlagsrecht als Folge einer materiellen Enteignung

Zum Bereich der materiellen Enteignung wird das Heimschlagsrecht dann gezählt, wenn es dem von einer *enteignungsähnlichen Eigentumsbeschränkung* betroffenen Grundeigentümer ermöglicht, das Eigentum an seinem belasteten Grundstück gegen volle Entschädigung dem Gemeinwesen zu übergeben[25].

---

[23] BEZ 1989 Nr. 39 E. c, d (Fall Hörnligraben, Wallisellen). Vgl. auch RB 1990 Nr. 105 = ZBl 92/1991, S. 475 (Unterengstringen).

[24] Im übrigen ist auch nicht ersichtlich, weshalb Lehre und Praxis den Begriff der Impropriation nur für das Heimschlagsrecht, das unabhängig vom Vorliegen einer materiellen Enteignung geltend gemacht werden kann, verwenden. So wird beim Heimschlagsrecht, welches nur bei Vorliegen einer materiellen Enteignung ausgeübt werden kann, das Gemeinwesen in gleicher Weise verpflichtet, das heimgeschlagene Grundstück zu übernehmen. Konsequenterweise müsste deshalb der Begriff der Impropriation, sofern er überhaupt Verwendung finden soll, auch bei dieser zweiten Erscheinungsform des Heimschlagsrechts zur Anwendung gelangen.

[25] AEMISEGGER, VLP Nr. 36, S. 84.

§ 5 Heimschlagsrecht und Enteignung

Zum Teil gewährt das kantonale Recht den Heimschlag ausdrücklich als Folge einer enteignungsähnlichen Beschränkung[26]. So bestimmt etwa § 214 des zürcherischen Planungs- und Baugesetzes, dass dem Betroffenen das Heimschlagsrecht zusteht, falls eine Natur- und Heimatschutzmassnahme eine materielle Enteignung bewirkt. Art. 26 Abs. 2 des Baugesetzes des Kantons Obwalden sieht vor, dass der Eigentümer die Übernahme des Bodens gegen volle Entschädigung verlangen kann, wenn die auf einem Grundstück lastende Grünzone oder Zone für öffentliche Bauten und Anlagen in ihrer Wirkung einer Enteignung gleichkommt.

Der Unterschied zwischen dieser Kategorie von Heimschlagsrechten und der zuerst besprochenen Erscheinungsform liegt darin, dass diese Heimschlagsrechte *nur bei Vorliegen einer materiellen Enteignung* geltend gemacht werden können. Mit Hilfe dieser Heimschlagsrechte kann der Grundeigentümer eine materielle Enteignung zu einer formellen Enteignung ausdehnen[27]. Die materielle Enteignung wird durch die Übernahme des Grundstücks durch das Gemeinwesen aber nicht in eine formelle Enteignung umgewandelt, sondern bloss *durch eine formelle Enteignung ergänzt*, soweit es um die Bewertung und Übernahme des bereits durch die Eigentumsbeschränkung belasteten, auf den Landwirtschaftswert reduzierten Grundstücks geht[28]. Die Übernahme des Grundstücks durch das Gemeinwesen ändert somit an der rechtlichen Natur des die Entschädigungspflicht auslösenden Eingriffs und an der Bemessung des dadurch bewirkten Schadens nichts[29]; die bei der Übernahme erfolgende formelle Enteignung tritt also nicht an die Stelle der früheren materiellen Enteignung. Vielmehr tritt die formelle zur materiellen Enteignung hinzu[30].

---

[26] Vgl. BGE in ZBl 83/1982, S. 209 (Blaser und Lüthi c. Staat Zürich); BGE 108 Ib 334 ff., 338 (Sarnen OW c. Abegg).

[27] AEMISEGGER, VLP Nr. 36, S. 84.

[28] BGE 97 I 815 (Gerber und Wimmer c. Muri BE); 108 Ib 338 E. 4b (Sarnen OW c. Abegg); RB 1990 Nr. 106 nicht publ. E. 4b (Allmendkorporation Horgen). Vgl. u.a. auch WOLF, S. 12; IMBODEN/RHINOW, S. 956; RIVA, S. 194. Anderer Auffassung WIEDERKEHR, S. 77, 84, 165.

[29] BGE 97 I 814 f. (Gerber und Wimmer c. Muri BE).

[30] Im Widerspruch zu dieser Rechtsprechung steht das neue aargauische Baugesetz vom 19. Januar 1993. Die Marginalie von § 140 BauG, die «Umwandlung in formelle Enteignung» lautet, erweckt den Eindruck, dass die Übernahme des von einer materiellen Enteignung betroffenen Grundstücks durch das Gemeinwesen eine Umwandlung der materiellen in eine formelle Enteignung zur Folge habe. Lehre und Rechtsprechung zum alten Baugesetz vom 2. Februar 1971 gingen demgegenüber in Anlehnung an BGE

3. Praktische Bedeutung dieser Unterscheidung

a) Nachfolgend wird untersucht, inwieweit die Unterscheidung der Heimschlagsrechte in die Erscheinungsformen des Heimschlagsrechts als Anwendungsfall der formellen Enteignung sowie des Heimschlagsrechts als Folge der materiellen Enteignung von praktischer Relevanz ist. AEMISEGGER ist der Auffassung, dass die Zuordnung des Heimschlagsrechts zu der einen oder anderen Art von grosser Tragweite sei, insbesondere im Hinblick auf die Berechnung der Heimschlagsentschädigung, die Verjährung, die Verzinsung sowie die Rechtsmittel ans Bundesgericht[31]. Allerdings sei, wie er hinzufügt, die vom Bundesgericht getroffene Unterscheidung wegen der damit verbundenen Folgen nicht ganz unproblematisch[32].

b) Die Zuordnung eines Heimschlagsrechts zu der einen oder anderen Erscheinungsform habe, so AEMISEGGER, unter anderem Auswirkungen auf die *Ermittlung der Heimschlagsentschädigung*. Beim Heimschlagsrecht als Anwendungsfall der formellen Enteignung berechne sich die Entschädigung ausschliesslich nach den Grundsätzen der formellen Enteignung, ohne Rücksicht auf eine vorausgehende Eigentumsbeschränkung. Anders vorzugehen sei, wenn das Heimschlagsrecht als Folge einer materiellen Enteignung ausgeübt werde. Diesfalls sei nach der Praxis des Bundesgerichts eine enteignungsrechtlich begründete Zweiteilung der Heimschlagsentschädigung vorzunehmen, sofern das kantonale Recht keine spezielle Regelung über die Berechnung der Heimschlagsentschädigung enthalte[33].

Aus der jeweiligen Ausgestaltung des Heimschlagsrechts kann indessen nicht auf die eine oder andere Berechnungsmethode geschlossen werden. Wie das Bundesgericht in seinem Entscheid in Sachen Erbengemeinschaft J. gegen

---

97 I 815 (Gerber und Wimmer) davon aus, dass mit dem Übergang des Grundstücks in das Eigentum des Enteigners die materielle Enteignung nicht in eine formelle Enteignung umgewandelt werde, Verwaltungsgericht Aargau, AGVE 1973, S. 153; HOLLENWEGER, S. 176 f.; ZIMMERLIN, Kommentar Baugesetz, § 216 N 6; anders noch DERSELBE, Materielle Enteignung, S. 180. – Vgl. auch den Randtitel von § 81 des Entwurfs zum neuen Raumplanungs- und Baugesetz des Kantons Basel-Landschaft, der ebenfalls «Umwandlung in eine Enteignung» lautet.

[31] AEMISEGGER, VLP Nr. 36, S. 84, 123. Vgl. auch Enteignungsgericht Basel-Landschaft, BJM 1986, S. 162 ff., 163, wonach der Frage, ob der Heimschlag als Anwendungsfall einer formellen oder einer materiellen Enteignung zu betrachten sei, in der Praxis eine nicht unwesentliche Bedeutung zukomme.

[32] AEMISEGGER, VLP Nr. 36, S. 88.

[33] AEMISEGGER, VLP Nr. 36, S. 85 f.

Stadt Schaffhausen[34] klargestellt hat, darf aus der Tatsache, dass das kantonale Recht ein Heimschlagsrecht *auch* für nicht enteignungsähnlich wirkende Eingriffe zur Verfügung stellt, nicht gefolgert werden, dass dieser Eingriff nicht einer materiellen Enteignung gleichkommen kann. Insoweit steht dem betroffenen Eigentümer ein bundesrechtlicher Anspruch auf volle Entschädigung nach Art. 5 Abs. 2 RPG zu, der durch kantonale Bestimmungen nicht geschmälert werden darf. Einzig dann, wenn der Heimschlag auf eine planerische Massnahme hin gewährt wird, die im konkreten Fall zu keiner materiellen Enteignung führt und somit nicht unter Art. 5 Abs. 2 RPG fällt, berechnet sich die Entschädigung ausschliesslich nach den kantonalen Vorschriften.

Aus der Einteilung der Heimschlagsrechte in die eine oder andere Erscheinungsform lassen sich daher keine Folgerungen in bezug auf die Ermittlung der Heimschlagsentschädigung ziehen. Erst die Beantwortung der Frage, ob eine materielle Enteignung vorliegt oder nicht, gibt Antwort auf die Berechnungsart.

c) AEMISEGGER ist im weiteren der Meinung, dass die Zuordnung eines Heimschlagsrechts zu der einen oder anderen Erscheinungsform für die Frage der *Verjährung* von grosser Bedeutung sei. Das Heimschlagsrecht als Anwendungsfall der formellen Enteignung und die sich daraus ergebende Entschädigungsforderung dürften, sofern das kantonale Recht keine abweichende Regelung aufstelle, weder einer Verjährung noch einer Verwirkung unterliegen. Anders sei es bei der Forderung aus dem Heimschlagsrecht als Folge einer materiellen Enteignung. Diese verjähre bei Fehlen einer Gesetzesvorschrift innert zehn Jahren seit Inkrafttreten der enteignungsähnlichen Massnahme[35].

Hierzu ist zu bemerken, dass es bei beiden Erscheinungsformen Sache des kantonalen Rechts ist, eine Verjährungs- oder Verwirkungsfrist für die Geltendmachung des Heimschlagsrechts zu statuieren[36]. Bewirkt die dem

---

[34] BGE 114 Ib 177 E. 3a.
[35] AEMISEGGER, VLP Nr. 36, S. 87.
[36] Kennt das kantonale Recht indessen keine entsprechende Frist, stellt sich die Frage, ob das Heimschlagsrecht solange geltend gemacht werden kann, wie die entsprechenden Voraussetzungen erfüllt sind, oder ob es infolge Zeitablauf untergeht. Vgl. dazu SGGVP 1979, S. 16 ff., wo die Frage zu beurteilen war, wie lange das Heimschlagsrecht, das das sanktgallische Baugesetz vom 6. Juni 1972 in Art. 126 im Zusammenhang mit Grünzonen und Zonen für öffentliche Bauten und Anlagen vorsah, geltend gemacht werden könne. Das VGr gelangte nach Auslegung des (seit dem Inkrafttreten des Enteignungsgesetzes vom 31. Mai 1984 aufgehobenen) Art. 126 BauG und nach Auseinandersetzung mit dem im öffentlichen Recht geltenden allgemeinen Rechtsgrundsatz

Heimschlag zugrundeliegende Planungsmassnahme eine materielle Enteignung – dies gilt wiederum bei beiden Erscheinungsformen des Heimschlagsrechts –, kommt eine Besonderheit hinzu. Ein Teil der Forderung aus dem Heimschlag, nämlich derjenige Teil, der den durch die materielle Enteignung entstandenen Minderwert ausgleichen soll, untersteht, sofern das kantonale Recht nichts anderes bestimmt, einer zehnjährigen Verjährungsfrist[37]. Angenommen, die Verjährungsfrist für die Geltendmachung des Heimschlagsrechts ist länger als diejenige, während der eine Entschädigung aus materieller Enteignung gefordert werden kann, so ist es sehr wohl möglich, dass im Zeitpunkt des Heimschlags der von einer materiellen Enteignung Betroffene nur noch den Restwert geltend machen kann, nicht aber den Entschädigungsanspruch aus materieller Enteignung, da dieser in der Zwischenzeit verjährt ist[38].

Konsequenzen betreffend die Verjährung ergeben sich infolgedessen aus dem allfälligen Vorliegen einer materiellen Enteignung und nicht aus der Unterscheidung der Heimschlagsrechte in zwei Erscheinungsformen.

d) Auch im Hinblick auf die *Verzinsung* der Heimschlagsentschädigung ist AEMISEGGER der Ansicht, dass die Unterscheidung des Heimschlagsrechts in zwei Erscheinungsformen von grosser Tragweite sei. Er führt dazu aus: «Die Vorschriften über die formelle Enteignung sehen eine Verzinsung in der Regel erst nach der rechtskräftigen Festsetzung der Entschädigung vor. In Fällen materieller Enteignung beginnt der Zinsanspruch dagegen in der Regel wesentlich früher (meist mit Geltendmachung der Entschädigung) zu laufen.»[39]

AEMISEGGER übersieht, dass auch in Fällen materieller Enteignung nur die Entschädigung für den Minderwert von einem früheren Zeitpunkt an zu ver-

---

der Verjährung zum Ergebnis, dass das Heimschlagsrecht so lange geltend gemacht werden könne, als ein Grundstück in der Grünzone oder Zone für öffentliche Bauten und Anlagen liege. Art. 58 EntG bestimmt nun ausdrücklich, dass der Eigentümer eines in der Zone für öffentliche Bauten und Anlagen gelegenen Grundstücks jederzeit die Enteignung verlangen kann.

[37] Nach der bundesgerichtlichen Rechtsprechung verjähren Forderungen aus materieller Enteignung innert zehn Jahren ab dem Zeitpunkt des Inkrafttretens der Eigentumsbeschränkung, sofern das kantonale Recht keine andere Regelung vorsieht. BGE 108 Ib 339 f. E. 5a, b (Sarnen OW c. Abegg); 111 Ib 269 ff. (Eggersriet SG c. Anderegg); RIVA, S. 188 f.

[38] Vgl. dazu auch WOLF, S. 32 ff.

[39] AEMISEGGER, VLP Nr. 36, S. 87.

zinsen ist. Dem Grundeigentümer steht grundsätzlich von dem Tage an ein bundesrechtlicher Anspruch auf Verzinsung der Entschädigung für den Minderwert zu, an dem er unmissverständlich um Vergütung für den Eingriff ersucht, frühestens aber ab Entstehen der Forderung bei Inkrafttreten der Eigentumsbeschränkung. Die Verzinsung für den Restwert bestimmt sich hingegen nach den entsprechenden Bestimmungen des kantonalen Rechts[40]. Die gleichen Bestimmungen gelangen auch bei den Heimschlagsrechten, denen keine materielle Enteignung zu Grunde liegt, zur Anwendung.

e) Ebenfalls von Bedeutung ist laut AEMISEGGER die Unterscheidung der Heimschlagsrechte in zwei Formen in bezug auf die *Rechtsmittel an das Bundesgericht*. Letztinstanzliche kantonale Entscheide betreffend solche Heimschlagsrechte, die in den Bereich der formellen Enteignung gehören, seien mit der staatsrechtlichen Beschwerde beim Bundesgericht anfechtbar. Soweit sich letztinstanzliche kantonale Entscheide mit dem Heimschlagsrecht befassen, welches vom kantonalen Recht als Folge einer materiellen Enteignung eingeräumt wird, sei demgegenüber die Verwaltungsgerichtsbeschwerde ans Bundesgericht zu ergreifen[41].

Aus der jetzigen bundesgerichtlichen Rechtsprechung lassen sich allerdings hinsichtlich der Rechtsmittel ans Bundesgericht aus der Unterscheidung der Heimschlagsrechte in zwei Erscheinungsformen keine Konsequenzen mehr herleiten. Unabhängig von der jeweiligen Ausgestaltung des Heimschlagsrechts ist die Verwaltungsgerichtsbeschwerde an das Bundesgericht immer dann gegeben, wenn der Heimschlag im Anschluss an eine Planungsmassnahme im Sinne des RPG erfolgt und umstritten ist, ob in dieser Massnahme eine materielle Enteignung liegt und welche Entschädigung hierfür geschuldet ist. Ist dies nicht der Fall, ist staatsrechtliche Beschwerde zu erheben[42].

4. Zusammenfassende Würdigung

Der von der Lehre und Praxis getroffenen Unterscheidung zwischen dem Heimschlagsrecht als Anwendungsfall der formellen Enteignung und dem

---

[40] BGE 114 Ib 177 ff. E. 3b, 4 (Erbengemeinschaft J. c. Stadt Schaffhausen). Vgl. auch BGE 114 Ib 125 (X. c. Trimmis GR).
[41] AEMISEGGER, VLP Nr. 36, S. 87 f. mit Verweis auf BGE in ZBl 83/1982, S. 208 f. (Blaser und Lüthi c. Staat Zürich).
[42] Dazu ausführlich hinten S. 125 ff.

Heimschlagsrecht als Folge materieller Enteignung kann aufgrund der heutigen Rechtsprechung des Bundesgerichts[43] keine allzu grosse Bedeutung mehr zugemessen werden. Im Gegensatz zu früher[44] schenkt das Bundesgericht der Eigentumsbeschränkung, die Voraussetzung des Heimschlagsrechts bildet, auch in den Fällen Beachtung, in welchen das Heimschlagsrecht unabhängig vom Vorliegen einer materiellen Enteignung ausgeübt werden kann. Kommt die Eigentumsbeschränkung einer Enteignung gleich, so bestehen keine Unterschiede zu den Heimschlagsrechten als Folge einer materiellen Enteignung. Eine Unterscheidung der Heimschlagsrechte in zwei Formen, wie sie in Lehre und Rechtsprechung vorgenommen wird, verliert daher ihren Sinn. Von grosser Tragweite ist somit nicht die Zuordnung des Heimschlagsrechts zu der einen oder anderen Art, wie AEMISEGGER geltend macht, sondern ob dem Heimschlag eine materielle Enteignung zugrunde liegt oder nicht.

III. Das Heimschlagsrecht im Zusammenhang mit der materiellen Enteignung

Führt die dem Heimschlag zugrundeliegende Planungsmassnahme zu einer materiellen Enteignung, kann je nach dem Verhältnis zwischen Heimschlagsrecht und Entschädigungsanspruch aus materieller Enteignung zwischen alternativen und kumulativen Heimschlagsrechten unterschieden werden[45].

1. Alternative Heimschlagsrechte

Ein *alternatives Heimschlagsrecht* liegt vor, wenn der von einer materiellen Enteignung betroffene Grundeigentümer *entweder* Entschädigung aus materieller Enteignung *oder* den Heimschlag verlangen kann. Der Grundeigentümer muss sich entscheiden, welchen Anspruch er geltend machen will[46]. Er kann nicht zunächst Entschädigung aus materieller Enteignung fordern und

---

[43] Vgl. BGE 114 Ib 174 ff. (Erbengemeinschaft J. c. Stadt Schaffhausen).
[44] Vgl. insbesonders BGE in ZBl 83/1982, S. 207 ff. (Blaser und Lüthi c. Staat Zürich).
[45] Um welche Art von Heimschlagsrechten es sich im Einzelfall handelt, um ein alternatives oder kumulatives, muss durch Auslegung ermittelt werden.
[46] P. MÜLLER, S. 36; DILGER, § 19 N 55; VOLLENWEIDER, ZBGR 1980, S. 223; KLAMETH, S. 10; HALLER/KARLEN, N 479.

später noch die Übernahme des Grundstücks durch das Gemeinwesen begehren. Hat der Grundeigentümer ein Interesse daran, das Grundstück weiterhin zu behalten, wird er Entschädigung aus materieller Enteignung fordern, andernfalls wird er das Heimschlagsrecht ausüben.

Grundsätzlich handelt es sich bei den in der kantonalen Gesetzgebung vorgesehenen Heimschlagsrechten um alternative Heimschlagsrechte, das heisst, dass der von einer materiellen Enteignung betroffene Eigentümer nur eine Entschädigung aus materieller Enteignung oder die Übernahme des Grundstücks durch das Gemeinwesen fordern kann. Bei den alternativen Heimschlagsrechten können folgende *Ausgestaltungen* unterschieden werden:

a) In einigen Fällen wird die Möglichkeit, entweder Entschädigung aus materieller Enteignung oder den Heimschlag zu verlangen, *ausdrücklich* vorgesehen. So bestimmt § 103 des zürcherischen Planungs- und Baugesetzes, dass ein Grundeigentümer, dessen Grundstück durch eine Baulinie unüberbaubar wird, *wahlweise* zu einem allfälligen Entschädigungsanspruch aus materieller Enteignung das Heimschlagsrecht geltend machen kann[47].

b) Teilweise ergibt sich die Wahlmöglichkeit zwischen Entschädigung aus materieller Enteignung und Heimschlag aus dem *Sachzusammenhang*. Art. 54 Abs. 3 des Raumplanungsgesetzes für den Kanton Graubünden sieht zum Beispiel vor, dass der Grundeigentümer die Übernahme des ganzen Grundstücks verlangen kann, wenn die für die materielle Enteignung zu leistende Entschädigung mehr als zwei Drittel des Grundstückswerts beträgt. In diesem Fall kann der Grundeigentümer anstelle des Heimschlags auch bloss Entschädigung aus materieller Enteignung fordern[48].

c) Daneben finden sich im kantonalen Recht auch Bestimmungen, bei denen die Möglichkeit, entweder Entschädigung aus materieller Enteignung oder den Heimschlag zu verlangen, *nicht ersichtlich* ist. So bestimmt etwa § 30 des Baugesetzes für den Kanton Zug, dass der Eigentümer eines Grundstücks, das so zwischen den Baulinien liegt oder durch eine Baulinie derart durchschnitten wird, dass der Rest nicht mehr zweckmässig überbaut werden kann, berechtigt ist, nach Ablauf von zwei Jahren seit dem Inkrafttreten des Baulinienplans das Grundstück der Gemeinde heimzuschlagen[49]. Ebenfalls

---

[47] Vgl. auch **ZH:** § 119 PBG, sowie hinten S. 74 und 82 f.
[48] Vgl. auch **OW:** Art. 26 BauG.
[49] Vgl. auch **BL:** § 89 BauG; **SH:** Art. 13 Abs. 1 BauG.

keinen Hinweis auf einen allfälligen Entschädigungsanspruch aus materieller Enteignung enthält Art. 6 des Baugesetzes des Kantons Schaffhausen. Danach kann ein Eigentümer, dessen Liegenschaft in eine Zone für künftige öffentliche Werke und Grünflächen eingeteilt wird, vom Tage der Genehmigung des Zonenplanes an durch schriftliche Bekanntgabe seines Angebotes die Eigentumsübertragung des Landes verlangen[50].

Dies bedeutet nicht, dass der Grundeigentümer nur die Möglichkeit hat, das Heimschlagsrecht geltend zu machen. Auch in solchen Fällen muss dem Eigentümer, *sofern die entsprechende Planungsmassnahme eine materielle Enteignung zur Folge hat*, die Möglichkeit gewährt werden, sein Grundstück zu behalten und bloss Entschädigung für den Minderwert zu fordern. Der Grundeigentümer darf nicht zur Ausübung des Heimschlagsrechts gezwungen werden, um zu einer Entschädigung zu gelangen[51]. Er kann beachtliche Gründe dafür haben, sein Grundstück trotz Eigentumsbeschränkung behalten zu wollen. Das Bundesgericht hat im Jahre 1976 in Änderung seiner bisherigen Rechtsprechung festgehalten, dass eine Regelung, bei welcher der Grundeigentümer im Falle einer materiellen Enteignung nur die Wahl hat, entweder sein Grundstück gegen volle Entschädigung heimzuschlagen oder aber auf jede Entschädigung zu verzichten, unverhältnismässig ist und somit gegen die Eigentumsgarantie gemäss Art. 22ter BV verstösst[52]. Dem von einer materiellen Enteignung betroffenen Grundeigentümer steht folglich immer die Wahl zwischen Entschädigung aus materieller Enteignung und Heimschlag offen, auch wenn das kantonale Recht lediglich ein Heimschlagsrecht vorsieht.

2. Kumulative Heimschlagsrechte

Kumulative Heimschlagsrechte finden sich nur selten in der kantonalen Gesetzgebung. Im Unterschied zu den alternativen Heimschlagsrechten geht bei den *kumulativen Heimschlagsrechten* das Recht, die Übernahme des Grundstücks durch das Gemeinwesen zu verlangen, durch die Geltendmachung einer Entschädigung aus materieller Enteignung nicht unter. Die

---

[50] Vgl. auch **GR**: Art. 27 Abs. 4 KRG; **ZG**: § 22 i.V.m. § 30 BauG.
[51] AEMISEGGER, VLP Nr. 36, S. 84.
[52] BGE 102 Ia 250 f. E. 6 (Neef-Schäfer c. Kt. Basel-Stadt). Zustimmend zur Praxisänderung GRISEL, S. 780. Vgl. auch GUTZWILLER, S. 105 f.

§ 5 Heimschlagsrecht und Enteignung

Heimschlagsentschädigung beschränkt sich dann noch auf den Restwert[53]. Gegenüber den alternativen Heimschlagsrechten weisen die kumulativen den Vorteil auf, dass der von einer materiellen Enteignung betroffene Grundeigentümer zunächst Entschädigung aus materieller Enteignung fordern kann und erst später entscheiden muss, ob er sein Grundstück weiterhin behalten will.

Ein kumulatives Heimschlagsrecht sieht § 41 des zürcherischen Planungs- und Baugesetzes vor. Danach hat jeder Grundeigentümer *neben* einem allfälligen Entschädigungsanspruch aus materieller Enteignung das Recht, seine in der Freihaltezone gelegenen Grundstücke und Grundstücksteile dem Staat heimzuschlagen[54]. Ein kumulatives Heimschlagsrecht kennt auch der Kanton Appenzell Innerrhoden. Art. 46 Abs. 1 Satz 1 des Baugesetzes bestimmt, dass ein Grundeigentümer, dessen Grundstück in eine Freihaltezone oder eine Zone für öffentliche Bauten und Anlagen eingezont wird, den vollen Erwerb des Grundstücks *anstelle* der Entschädigung aus materieller Enteignung verlangen kann. Diese Formulierung würde zwar auf ein alternatives Heimschlagsrecht hindeuten. Satz 2 von Art. 46 Abs. 1 BauG sieht allerdings weiter vor, dass die für materielle Enteignung bereits bezahlte Entschädigungen der Heimschlagsentschädigung anzurechnen sind[55]. Das bedeutet, dass der Grundeigentümer auch nach Geltendmachung einer Entschädigung aus materieller Enteignung weiterhin vom Gemeinwesen die Übernahme seines Grundstücks verlangen kann.

---

[53] P. MÜLLER, S. 36; DILGER, § 19 N 55; KLAMETH, S. 4.
[54] Vgl. auch **ZH:** § 62 Abs. 1 i.V.m. § 41 sowie § 214 PBG.
[55] Vgl. hierzu auch die gleichlautende Regelung in § 42 Abs. 2 PBG des Kantons Zürich.

§ 6 Das Heimschlagsrecht und die Ausdehnungsrechte der formellen Enteignung

I. Verhältnis des Heimschlagsrechts zu den Ausdehnungsrechten des formellen Enteignungsrechts

Das Heimschlagsrecht, das bei Vorliegen einer materiellen Enteignung ausgeübt werden kann, erinnert an das dem Enteigneten bei der formellen Teilenteignung zustehende Ausdehnungsrecht[1]. So kommt dem Enteigneten im allgemeinen[2] das Recht zu, die Enteignung des ganzen Grundstücks zu verlangen, wenn der Enteigner von einem Grundstück oder mehreren wirtschaftlich zusammengehörenden Grundstücken nur einen Teil benötigt und eine bestimmungsgemässe Verwendung des verbleibenden Teils nicht mehr oder nur noch unter unverhältnismässig erschwerten Bedingungen möglich ist. Der Enteignete kann also die *Ausdehnung der Teilenteignung in eine Totalenteignung* fordern. Neben dieser Ausdehnung in räumlicher Hinsicht wird dem Enteigneten teilweise auch ein Ausdehnungsrecht in rechtlicher Hinsicht eingeräumt[3]. Bei der rechtlichen Teilenteignung beansprucht der Enteigner nicht einen Teil des Grundstücks des Enteigneten, sondern die Einräumung eines beschränkten dinglichen Rechts. Der Enteignete kann die Enteignung des Eigentums anstelle der rechtlichen Teilenteignung verlangen, wenn ihm durch die Einräumung des beschränkten dinglichen Rechts die bestimmungsgemässe Verwendung des Grundstücks verunmöglicht oder unverhältnismässig erschwert wird.

Das Ausdehnungsrecht zugunsten des Enteigneten beruht auf Billigkeitsüberlegungen[4]. Der Zweck besteht darin zu vermeiden, dass dem Enteigneten,

---

[1] Nicht von Interesse ist im folgenden das dem *Enteigner* bei der formellen Teilenteignung eingeräumte Ausdehnungsrecht.

[2] Vgl. z.B. Art. 12 Abs. 1 BG über die Enteignung; **ZH**: § 8 AbtrG; **BE**: Art. 6 EntG; **GL**: Art. 152 EG ZGB; **JU**: Art. 6 LEx; **NE**: Art. 7 Abs. 1 LEXUP; **NW**: Art. 9 Abs. 1 EntG; **TI**: Art. 5 Lespr.

[3] Vgl. z.B. Art. 12 Abs. 2 BG über die Enteignung; **NE**: Art. 7 Abs. 2 LEXUP; **NW**: Art. 9 Abs. 1 EntG. Nicht vorgesehen ist die rechtliche Ausdehnung im zürcherischen Abtretungsgesetz.

[4] ZIMMERLIN (Kommentar Baugesetz, §§ 185/186 N 1) führt aus, dass die praktischen Erfahrungen schon früh gezeigt hätten, dass die konsequente Durchführung des Grundsatzes der formellen Enteignung gegen volle Entschädigung bei Teilenteignungen zu

der das ihm verbleibende Recht nicht mehr angemessen nutzen kann, Verluste erwachsen[5]. Diese *Zielsetzung* des Ausdehnungsrechts entspricht jener beim Heimschlagsrecht, das bei Vorliegen einer materiellen Enteignung besteht. Das Heimschlagsrecht, das im Anschluss an eine materielle Enteignung gewährt wird, soll dem Grundeigentümer, dem ein wesentlicher Teil seiner aus dem Grundeigentum fliessenden Befugnisse entzogen wurde, die Unannehmlichkeit ersparen, ein Grundstück zu behalten, von dem er keinen Nutzen mehr hat[6]. Dem Anspruch auf Totalenteignung bei der formellen Teilenteignung entspricht demnach bei der materiellen Enteignung das Heimschlagsrecht[7, 8].

II. Anwendung der Bestimmungen über die Ausdehnung bei einer materiellen Enteignung

1. Fragestellung

Wie obige Ausführungen zeigen, weisen die Ausdehnungsvorschriften des Enteignungsrechts und die Bestimmungen über die Heimschlagsrechte dieselbe Zielsetzung auf. Von Interesse ist nun, ob das dem formell Enteigneten zustehende Ausdehnungsrecht auch im Falle einer materiellen Enteignung *analoge Anwendung* finden kann. Diese Frage stellt sich, wenn das kantonale Recht kein Heimschlagsrecht vorsieht sowie in den Fällen, in denen das kantonale Recht das Heimschlagsrecht auf wenige Tatbestände beschränkt und kein solcher vorliegt. Räumt das kantonale Recht dem von einer materiellen Enteignung Betroffenen hingegen generell ein Heimschlagsrecht ausdrücklich ein, muss diese Frage nicht geprüft werden.

Härten und Unbilligkeiten führen könne.

[5] ZIMMERLIN, Kommentar Baugesetz, §§ 185/186 N 1; WIEDERKEHR, S. 76; Entscheid der SchK III des Kantons Zürich, ZBl 72/1971, S. 87; RB 1971 Nr. 82.

[6] RB 1979 Nr. 85; BJM 1986, S. 163; ZIMMERLIN, ZBl 73/1972, S. 230.

[7] ZIMMERLIN, Materielle Enteignung, S. 180. Vgl. auch GRISEL, S. 718; MERKER, S. 95 Anm. 53. Gemäss AEMISEGGER (VLP Nr. 36, S. 85) sind die kantonalen Vorschriften über das Heimschlagsrecht als Folge einer materiellen Enteignung den Ausdehnungsvorschriften des formellen Enteignungsrechts nachgebildet worden.

[8] Noch mehr als die räumliche Ausdehnung entspricht die rechtliche Ausdehnung dem Heimschlagsrecht. Im Unterschied zu der räumlichen Teilenteignung, bei der dem Eigentümer ein Teil seines Grundstücks entzogen wird, verbleibt sowohl bei der rechtlichen Teilenteignung als auch bei der materiellen Enteignung das belastete Grundstück beim Grundeigentümer.

2. Lehre und Praxis

In Lehre und Praxis werden hinsichtlich der Frage, ob die Bestimmungen über die Ausdehnung bei einer materiellen Enteignung angewendet werden können, unterschiedliche Ansichten vertreten.

a) *Bejaht* wurde die analoge Anwendung des Ausdehnungsrechts von der *Schätzungskommission III des Kantons Zürich* im Jahre 1969[9]. In jenem von der Schätzungskommission zu beurteilenden Fall erliess eine Gemeinde eine Verordnung zum Schutze eines Denkmalplatzes und seiner Umgebung. Das Schutzgebiet wurde in zwei Zonen eingeteilt, wobei für die Zone I ein absolutes Verbot für Neubauten und für alle weiteren baulichen Massnahmen ausgesprochen wurde. Ferner wurde für diese Zone die Pflicht statuiert, für alle weiteren nach aussen in Erscheinung tretenden Massnahmen, wie Baumpflanzungen und dergleichen, eine Bewilligung des Gemeinderates einzuholen. Von der Zone I wurde ein unüberbautes Grundstück erfasst, für das im Zeitpunkt des Erlasses der Verordnung ein Bauprojekt für ein Mehrfamilienhaus vorlag. Bei der Bemessung der Entschädigung für die materielle Enteignung kam die Schätzungskommission zum Schluss, dass die Gemeinde der Grundeigentümerin den *vollen Verkehrswert* zu ersetzen habe, da das Grundstück auf keine Art und Weise mehr genutzt werden könne, selbst eine landwirtschaftliche Nutzung sei nicht mehr möglich. Bei dieser Sachlage warf die Grundeigentümerin die Frage des Heimschlagsrechts auf. Die Schätzungskommission stellte zunächst fest, dass das zürcherische Recht gemäss den §§ 183bis ff. EG ZGB für materielle Enteignungen *kein ausdrückliches* Heimschlagsrecht vorsehe. Dafür bestehe im allgemeinen auch gar kein Bedürfnis, da ein vom Eingriff betroffenes Grundstück – im Unterschied zum vorliegenden – in der Regel nicht wertlos oder gar verlustreich werde. Angesichts der ganz *besonderen Umstände* des Falles bejahte die Schätzungskommission die analoge Anwendung des Ausdehnungsrechts gemäss § 8 Abs. 2 des zürcherischen Abtretungsgesetzes[10, 11].

---

[9] ZBl 72/1971, S. 85 ff.

[10] § 8 Abs. 2 AbtrG sieht bei formellen Enteignungen ein Ausdehnungsrecht dann vor, wenn von einem landwirtschaftlichen Grundstück oder einem Bauplatz dem Abtretungspflichtigen nur ein so kleiner Teil übrig bleibt, dass dessen Benutzung oder Verwertung gar nicht oder nur mit grossen Schwierigkeiten möglich ist. Bei § 8 Abs. 2 AbtrG handelt es sich um ein Ausdehnungsrecht in räumlicher Hinsicht.

[11] Das geltende Planungs- und Baugesetz des Kantons Zürich sieht nun im Zusammenhang mit Schutzmassnahmen des Natur- und Heimatschutzes ausdrücklich ein Heim-

Auch ein Teil der *Lehre* befürwortet eine analoge Anwendung des Ausdehnungsrechts. So ist DILGER in Anlehnung an den erwähnten Entscheid der Schätzungskommission der Ansicht, dass einer analogen Anwendung des dem Betroffenen bei der formellen Enteignung gegebenenfalls zustehenden Ausdehnungsrechts im Falle einer materiellen Enteignung nichts im Wege stehe, wenn die *Restbefugnisse*, welche dem von einer materiellen Enteignung betroffenen Grundeigentümer verbleiben, *praktisch bedeutungslos* sind[12]. IMBODEN/RHINOW sind ebenfalls der Auffassung, dass sich eine analoge Anwendung des Ausdehnungsrechts bei der materiellen Enteignung *unter Umständen* rechtfertigt[13]. GUT ist der Meinung, dass in Fällen *unzumutbarer materieller Enteignungen* ein Ausdehnungsrecht uneingeschränkt gerechtfertigt sei. Das generelle Heimschlagsrecht des materiell Enteigneten lasse sich aus dem im formellen Enteignungsrecht vorgesehenen Ausdehnungsrecht des Enteigneten ableiten[14]. Gleicher Meinung ist VON TSCHARNER, der für den Bereich des Denkmalschutzrechts ausführt, dass in Fällen unzumutbarer materieller Enteignung auch ohne ausdrückliche gesetzliche Bestimmung ein Heimschlagsrecht bestehe[15]. Insbesondere für den Kanton Zürich wurde vor dem Erlass des Planungs- und Baugesetzes von 1975 von HINTERMANN[16] und MEIER-HAYOZ/ROSENSTOCK[17] eine analoge Anwendung von § 8 Abs. 2 AbtrG bei Freihaltezonen bejaht[18].

Die Auffassung, wonach das Ausdehnungsrecht bei *Vorliegen besonderer Umstände* auch bei der materiellen Enteignung analog anzuwenden sei, wird vor allem mit dem folgenden Argument begründet: Zweck des Ausdehnungsrechts sei es zu vermeiden, dass dem von einer Teilenteignung Betroffenen, der das ihm verbleibende Recht nicht mehr oder nur noch unter erschwerten Bedingungen nutzen kann, Verluste erwachsen. Wenn nun eine materielle

---

    schlagsrecht vor, falls die Schutzmassnahme eine materielle Enteignung bewirkt (§ 214 PBG).

[12] DILGER, § 19 N 54.

[13] IMBODEN/RHINOW, S. 964 mit Hinweis auf den Entscheid der SchK III des Kantons Zürich, ZBl 72/1971, S. 87 f.

[14] GUT, S. 90 f., 227.

[15] VON TSCHARNER, S. 74 f.

[16] HINTERMANN, S. 40 f.

[17] MEIER-HAYOZ/ROSENSTOCK, S. 26, 106, allerdings ohne eingehende Begründung.

[18] Ein Heimschlagsrecht bei Freihaltezonen ist im geltenden zürcherischen Planungs- und Baugesetz nun ausdrücklich vorgesehen (vgl. § 41 und § 62 Abs. 1 i.V.m. § 41 PBG).

Enteignung zur Folge habe, dass der Betroffene sein mit einer Eigentumsbeschränkung belastetes Grundstück nicht mehr oder nur noch unter erschwerten Bedingungen nutzen kann, müsse das Ausdehnungsrecht – wegen der starken Ähnlichkeit zwischen den beiden Tatbeständen – über seinen Wortlaut hinaus auch bei der materiellen Enteignung angewendet werden[19]. Die Zulässigkeit der analogen Anwendung wird somit mittels einer über den Wortlaut hinausgehenden teleologischen Auslegung des Ausdehnungsrechts begründet[20].

b) Ein Teil der Lehre und Praxis *lehnt* die analoge Anwendung der Ausdehnungsrechte hingegen *ab*. So bezeichnete es das *Zürcher Verwaltungsgericht* im Jahre 1965 als zweifelhaft, ob das Ausdehnungsrecht, das § 8 des zürcherischen Abtretungsgesetzes für die formelle Enteignung vorsieht, bei enteignungsähnlichen Eigentumsbeschränkungen sinngemäss anzuerkennen sei, liess die Frage aber offen[21]. Das *Bundesgericht*, das sich zwei Jahre später mit dem selben Fall auseinanderzusetzen hatte, beantwortete die Frage, ob das Ausdehnungsrecht bei einer materiellen Enteignung analoge Anwendung finden könne, nicht. Das Bundesgericht hielt lediglich fest, dass die Anwendung des dem formellen Enteignungsrecht angehörenden Instituts des Ausdehnungsrechts auf enteignungsähnliche Tatbestände sinngemäss zu erfolgen hätte[22].

In der *Lehre* wird die Ansicht vertreten, dass das Heimschlagsrecht besonders gesetzlich vorgesehen sein müsse[23]. ZIMMERLIN und AEMISEGGER begrün-

---

[19] So sinngemäss SchK III des Kantons Zürich, ZBl 72/1971, S. 87. Vgl. auch GUT, S. 90 f., sowie HINTERMANN, S. 40 f.

[20] Der Analogieschluss, das heisst die Anwendung einer Rechtsnorm auf einen von ihr nicht geregelten Tatbestand, wird im übrigen nicht nur als Mittel der *Auslegung*, sondern auch der *Lückenfüllung* verwendet, IMBODEN/RHINOW, S. 171 f.; HÄFELIN, S. 122. Dadurch, dass die Lehre und Praxis die Zulässigkeit der analogen Anwendung des Ausdehnungsrechts bei der materiellen Enteignung mittels einer über den Wortlaut hinausgehenden teleologischen Auslegung des Ausdehnungsrechts begründen, entgehen sie den mit der Lückenfüllung verbundenen Problemen. Vgl. allgemein dazu HÄFELIN, S. 122 f.

[21] So zitiert in BGE 93 I 130 ff., 135, 153 (Erben Schulthess und Erben Bäggli c. Kt. Zürich). Die entsprechenden Erwägungen des Verwaltungsgerichts sind nicht publiziert (vgl. RB 1965 Nr. 107, 113 = ZBl 67/1966, S. 248 ff.).

[22] BGE 93 I 153 E. 9b (Erben Schulthess und Erben Bäggli c. Kt. Zürich).

[23] ZIMMERLIN, Materielle Enteignung, S. 180; AEMISEGGER, VLP Nr. 36, S. 84, 132 f.; KLAMETH, S. 3; KNAPP, Enteignung, Karte 1100 S. 10; in diesem Sinne auch VOLLENWEIDER, ZBGR 1980, S. 224.

den ihre Auffassung vor allem mit dem Hinweis auf die bundesgerichtliche Praxis, wonach sich das Heimschlagsrecht nicht bereits aus der Eigentumsgarantie ergebe. Das Heimschlagsrecht bedarf ihrer Ansicht nach einer *besonderen gesetzlichen Regelung*[24]. Im weiteren setzt sich AEMISEGGER mit der Ansicht von GUT auseinander, der in Fällen unzumutbarer materieller Enteignungen das Ausdehnungsrecht analog anwenden will[25]. AEMISEGGER macht geltend, dass es angesichts der verschiedenen kantonalen Regelungen, die ein Heimschlagsrecht nur bei Vorliegen bestimmter Voraussetzungen gewähren, als zweifelhaft erscheine, ob diese Auffassung zutreffend sei[26].

3. Eigene Stellungnahme

Eine analoge Anwendung der Ausdehnungsrechte kann nur dann in Frage kommen, wenn der kantonale *Gesetzgeber* das formelle Enteignungsrecht bei materiellen Enteignungen für sinngemäss anwendbar erklärt. In diesem Fall muss *durch Auslegung* ermittelt werden, ob das Ausdehnungsrecht bei der materiellen Enteignung sinngemäss anzuwenden sei oder ob sich der Verweis auf das formelle Enteignungsrecht nur auf andere Regelungen – wie zum Beispiel das Verfahrensrecht – beziehe[27]. Zur näheren Erläuterung wird die Rechtslage im *Kanton Bern* und im *Kanton Zürich* dargestellt:

Das heute aufgehobene bernische Baugesetz vom 7. Juni 1970 sah in Art. 100 Abs. 1 ausdrücklich ein Heimschlagsrecht vor. Danach konnte ein Grundeigentümer anstelle einer Entschädigung aus materieller Enteignung vom Gemeinwesen die Übernahme seines Grundstücks verlangen, sofern die Voraussetzungen einer Ausdehnung der Enteignung gemäss Art. 6 des Enteignungsgesetzes gegeben waren[28]. Das neue Baugesetz vom 9. Juni 1985 enthält nun keine entsprechende Regelung mehr. Art. 127 BauG bestimmt

---

[24] ZIMMERLIN, Materielle Enteignung, S. 180; AEMISEGGER, VLP Nr. 36, S. 132 f.
[25] GUT, S. 90 f., 227.
[26] AEMISEGGER, VLP Nr. 36, S. 132 u.a. mit Verweis auf die Rechtslage im Kanton Zürich.
[27] Vgl. auch AEMISEGGER, VLP Nr. 36, S. 132.
[28] Gemäss Art. 6 Abs. 1 des Enteignungsgesetzes des Kantons Bern kann der Enteignete die Ausdehnung der Enteignung verlangen, wenn von einem oder mehreren wirtschaftlich zusammengehörenden Grundstücken nur ein Teil in Anspruch genommen wird und die bestimmungsgemässe Verwendung des restlichen Teils ausgeschlossen oder unverhältnismässig erschwert wäre.

jedoch, dass für die formelle und die materielle Enteignung das Enteignungsgesetz gilt, soweit das Baugesetz nicht ergänzende oder abweichende Vorschriften aufstellt. Art. 1 Abs. 2 EntG erklärt ebenfalls das Enteignungsgesetz bei materiellen Enteignungen für sinngemäss anwendbar. In diesem Fall muss das Ausdehnungsrecht des Enteigneten, das in Art. 6 EntG geregelt ist, auch bei einer materiellen Enteignung zur Anwendung gelangen, zumal es sich bei Art. 100 des Baugesetzes von 1970 um eine blosse Verweisung auf Art. 6 EntG gehandelt hat[29]. Der Grundeigentümer kann somit gemäss Art. 127 BauG und Art. 1 Abs. 2 EntG i.V.m. Art. 6 EntG die Übernahme des Grundstücks durch das Gemeinwesen verlangen, wenn durch eine enteignungsähnliche Eigentumsbeschränkung die bestimmungsgemässe Verwendung des Grundstücks ausgeschlossen oder unverhältnismässig erschwert wird[30].

Anders präsentiert sich die Rechtslage im *Kanton Zürich*. Das zürcherische Planungs- und Baugesetz sieht in verschiedenen Fällen ein Heimschlagsrecht vor. So kann beispielsweise ein Grundeigentümer, dessen Grundstück einer Freihaltezone zugewiesen wird, gemäss § 41 PBG das Heimschlagsrecht geltend machen. Kein entsprechendes Recht gewährt das PBG hingegen jenem Grundeigentümer, dessen Grundstück einer Landwirtschaftszone zugewiesen worden ist[31]. Es stellt sich nun die Frage, ob in einem solchen Fall das Ausdehnungsrecht, das § 8 AbtrG für die formelle Enteignung vorsieht, analoge Anwendung finden kann. Voraussetzung dafür wäre auf jeden Fall, dass die Zuweisung des Grundstücks in die Landwirtschaftszone eine materielle Enteignung zur Folge hat. Im zürcherischen Recht ist die materielle Enteignung in den §§ 183bis – 183quater EG ZGB geregelt. § 183ter Abs. 2 und § 183quater Abs. 4 EG ZGB enthalten zwar einen Verweis auf das formelle Enteignungsrecht, dieser bezieht sich aber nur auf das Schätzungsverfahren (§§ 32 ff. AbtrG) und nicht auf das Ausdehnungsrecht gemäss § 8 AbtrG. Im

---

[29] Vgl. auch GRÜTTER, S. 127; ZAUGG, Art. 77 N 4b zum Baugesetz von 1985 (2. Aufl.); DERSELBE, Art. 128/129 N 13b zum Baugesetz von 1985 (1. Aufl.).

[30] Vgl. ZAUGG, Art. 100 N 1 zum Baugesetz von 1970; KELLER, S. 112. – Es bereitet allerdings Schwierigkeiten, sich einen Fall vorzustellen, bei welchem das Vorliegen einer materiellen Enteignung bejaht werden kann, die Voraussetzungen zur Geltendmachung des Ausdehnungsrechts (die bestimmungsgemässe Verwendung muss ausgeschlossen oder unverhältnismässig erschwert sein) hingegen nicht erfüllt sind. – Eine fast identische Formulierung weisen im übrigen § 81 Abs. 1 EntG des Kantons Luzern, § 13 Abs. 1 EntG des Kantons Thurgau und § 7 Abs. 1 EntG des Kantons Basel-Stadt auf, die ein ausdrückliches Heimschlagsrecht beinhalten.

[31] Vgl. § 36 und § 46 Abs. 3 PBG.

Kanton Zürich kann das Heimschlagsrecht somit nur in den gesetzlich vorgesehenen Fällen ausgeübt werden[32].

Es ist folglich in all jenen Kantonen, die in ihren Bau-, Planungs- oder Enteignungsgesetzen kein ausdrückliches Heimschlagsrecht vorsehen oder das Heimschlagsrecht auf wenige Tatbestände beschränken[33], eine zweifache Prüfung vorzunehmen: In einem ersten Schritt ist zu prüfen, ob das kantonale Recht eine allgemeine Bestimmung enthält, wonach das formelle Enteignungsrecht bei der materiellen Enteignung sinngemäss anzuwenden ist. Ist dies der Fall, so muss in einem zweiten Schritt durch Auslegung ermittelt werden, ob das Ausdehnungsrecht bei der materiellen Enteignung sinngemäss zur Anwendung gelangt.

Enthält das kantonale Recht hingegen keine Bestimmung, die besagt, dass das formelle Enteignungsrecht auch bei einer materiellen Enteignung sinngemäss anzuwenden ist, oder bezieht sich der Verweis auf das formelle Enteignungsrecht nur auf einen bestimmten, beschränkten Sachbereich, etwa auf das Verfahrensrecht, nicht aber auf das Ausdehnungsrecht, so kann der von einer materiellen Enteignung betroffene Grundeigentümer die Übernahme seines Grundstücks *nicht* gestützt auf das im formellen Enteignungsrecht vorgesehene Ausdehnungsrecht verlangen. Sicher besteht in gewissen Fällen ein Bedürfnis nach einem Heimschlagsrecht[34], aber es ist *Sache des Gesetzgebers,* ob er ein Heimschlagsrecht aus Billigkeitserwägungen gewähren will oder nicht[35]. So halten kantonale Regelungen, die im Zusammenhang mit einer materiellen Enteignung kein Heimschlagsrecht vorsehen, vor der Eigentumsgarantie durchaus stand, da die Eigentumsgarantie dem Grundeigentümer nicht die Befugnis gibt, vom Gemeinwesen die Übernahme des durch einen enteignungsähnlichen Eingriff betroffenen Grundstücks zu verlangen[36]. Der

---

[32] Gl.M. VOLLENWEIDER, ZBGR 1980, S. 224.

[33] Die Frage, inwieweit die Bestimmungen über die Ausdehnung bei einer materiellen Enteignung angewendet werden können, stellt sich ja nur, sofern das kantonale Recht kein Heimschlagsrecht vorsieht sowie in den Fällen, in denen das kantonale Recht das Heimschlagsrecht auf wenige Tatbestände beschränkt und kein solcher vorliegt.

[34] Vgl. den von der SchK III des Kantons Zürich beurteilten Fall, ZBl 72/1971, S. 85 ff. (vorne S. 38).

[35] In diesem Sinne auch AEMISEGGER, VLP Nr. 36, S. 84, 132 f.; ZIMMERLIN, Materielle Enteignung, S. 180; DERSELBE, Kommentar Baugesetz, § 216 N 1; BGE 114 Ib 177 E. 3a (Erbengemeinschaft J. c. Stadt Schaffhausen).

[36] BGE 93 I 153 E. 9a (Erben Schulthess und Erben Bäggli c. Kt. Zürich). Vgl. auch BGE 114 Ib 177 E. 3a (Erbengemeinschaft J. c. Stadt Schaffhausen), wo das BGr fest-

von einer materiellen Enteignung Betroffene hat somit grundsätzlich nur Anspruch auf Entschädigung des durch die Eigentumsbeschränkung entstandenen Minderwerts seines Grundstücks.

Ein grosser Teil der Kantone hat das Bedürfnis nach einem Heimschlagsrecht im Zusammenhang mit dem Vorliegen einer materiellen Enteignung allerdings erkannt und entsprechende Regelungen erlassen. So sieht der Kanton Aargau in § 140 BauG ausdrücklich ein Heimschlagsrecht bei unzumutbaren materiellen Enteignungen vor. Gemäss § 140 BauG kann der Träger des Rechts die formelle Enteignung verlangen, wenn der Eingriff zu einer so schweren Beschränkung führt, dass ihm nach den Umständen *nicht zuzumuten* ist, Träger des Rechts zu bleiben. Dabei wird Unzumutbarkeit in jedem Fall angenommen, wenn die für die materielle Enteignung zu leistende Entschädigung mehr als zwei Drittel des Verkehrswertes des Rechtes ausmacht[37].

---

hält, dass auch Art. 5 Abs. 2 RPG – im Gegensatz zu den bundesrechtlichen Bestimmungen über die formelle Enteignung (Art. 12 f. EntG) – keinen Anspruch auf Ausdehnung der materiellen Enteignung gewähre. Es bleibe dem kantonalen Gesetzgeber überlassen, ob er ein Heimschlagsrecht vorsehen wolle. Dazu auch vorne S. 18 ff.

[37] § 140 Abs. 2 BauG. Dazu KISTLER/MÜLLER, § 140 N 2 f.; ZIMMERLIN, Kommentar Baugesetz, § 216 N 2.

3. Teil:

Die Heimschlagsrechte des zürcherischen Planungs- und Baugesetzes im besonderen

1. Kapitel:
Die einzelnen Heimschlagsrechte des zürcherischen Rechts

§ 7 Überblick

I. Die Bestimmungen des Planungs- und Baugesetzes

Das zürcherische Planungs- und Baugesetz räumt dem Grundeigentümer nur in bestimmten Fällen das Recht ein, vom Gemeinwesen die Übernahme seines Grundstücks zu verlangen[1]. Heimschlagsrechte sieht das PBG im Planungsrecht[2] vor, und zwar im Zusammenhang mit verschiedenen *Planungsmassnahmen*. Ausserdem gewährt das zürcherische Recht dem Grundeigentümer ein Heimschlagsrecht im *Natur- und Heimatschutzrecht*, welches wegen des engen Zusammenhangs mit dem Planungs- und Baurecht ebenfalls im PBG geregelt ist[3].

Im Sinne einer Übersicht werden nachfolgend die einzelnen Heimschlagsrechte des Planungs- und Baugesetzes der Gesetzessystematik entsprechend kurz dargestellt.

1. Heimschlagsrechte des Planungsrechts

Das zürcherische Recht sieht bei folgenden Planungsinstituten ein Heimschlagsrecht vor:

a) Bei *Freihalte- und Erholungszonen:* Jeder Grundeigentümer, dessen Grundstück ganz oder teilweise einer kantonalen, regionalen oder kommunalen Freihaltezone zugewiesen wird, hat – neben einem allfälligen Entschädigungsanspruch aus materieller Enteignung – das Recht, vom Gemeinwesen die Übernahme seines Grundstücks oder Grundstücksteils zu verlangen. Das gleiche Recht steht dem Grundeigentümer zu, dessen Grundstück

---

[1] Vgl. dazu auch vorne S. 42 f.
[2] II. Titel des PBG, §§ 8 – 202.
[3] III. Titel des PBG, §§ 203 – 217. Bei den Anordnungen auf dem Gebiete des Natur- und Heimatschutzes handelt es sich um funktionales Raumplanungsrecht, vgl. HALLER/KARLEN, N 398 ff.

oder Grundstücksteil in eine Erholungszone zu liegen kommt (§ 41, § 62 Abs. 1 i.V.m. § 41 PBG).

b) Bei *Baulinien:* Jedem Grundeigentümer, dessen unüberbautes oder mit einem Abbruchobjekt überbautes Grundstück wegen einer Baulinie unüberbaubar wird und das auch durch einen Quartierplan nicht wieder überbaubar gemacht werden kann, steht – wahlweise zu einem allfälligen Entschädigungsanspruch aus materieller Enteignung – das Heimschlagsrecht zu. Ebenfalls Anwendung findet das Heimschlagsrecht, wenn Baulinien die Überbauung eines sonst selbständig überbaubaren Teils eines Grundstücks verhindern (§ 103 PBG).

c) Beim *Werkplan:* Jeder Grundeigentümer, dessen Grundstück von einem Werkplan erfasst wird, hat nach Genehmigung des Werkplans – wahlweise zu einem allfälligen Entschädigungsanspruch aus materieller Enteignung – das Recht, sein Grundstück dem Ersteller des Werkplans heimzuschlagen (§ 119 PBG).

d) Im *Quartierplanrecht:* Jeder Grundeigentümer, der im Rahmen eines Quartierplan- oder Grenzbereinigungsverfahrens eine Entschädigungsleistung zu erbringen hat, kann sich der Bezahlung dadurch entziehen, dass er der Gemeinde das Grundstück heimschlägt (§ 165, § 185 i.V.m. § 165 PBG). Ferner steht das Heimschlagsrecht jedem Grundeigentümer zu, dessen Grundstück in eine Gebietssanierung einbezogen wird (§ 202 PBG).

2. Heimschlagsrechte des Natur- und Heimatschutzrechts

Neben den Heimschlagsrechten des Planungsrechts besteht ein solches im Natur- und Heimatschutzrecht. Bewirkt eine Massnahme des Natur- und Heimatschutzes eine materielle Enteignung, steht dem Betroffenen – neben dem Entschädigungsanspruch aus materieller Enteignung – das Heimschlagsrecht zu (§ 214 PBG).

II. Die verschiedenen Erscheinungsformen der Heimschlagsrechte

Die Heimschlagsrechte des zürcherischen Rechts sind, wie die Übersicht zeigt, bei den einzelnen Tatbeständen verschieden ausgestaltet. Einerseits kennt das PBG Heimschlagsrechte, die *unabhängig von einer materiellen Enteignung* ausgeübt werden können, andererseits sieht es solche vor, welche zur Geltendmachung das *Vorliegen einer materiellen Enteignung* bedingen. So steht dem von einer Natur- und Heimatschutzmassnahme Betroffenen das Heimschlagsrecht nur zu, wenn die Schutzmassnahme eine materielle Enteignung bewirkt. Die Heimschlagsrechte des Planungsrechts können demgegenüber unabhängig vom Vorliegen einer materiellen Enteignung ausgeübt werden. Bei den Heimschlagsrechten des Planungsrechts fällt auf, dass die Voraussetzungen zur Geltendmachung des Heimschlagsrechts im Zusammenhang mit Baulinien enger umschrieben sind als bei den restlichen Tatbeständen. Während bei jenen der Einbezug eines Grundstücks in eine Freihalte- oder Erholungszone, in einen Werkplan oder eine Gebietssanierung ausreicht, kann der Grundeigentümer, dessen Grundstück von Baulinien erfasst wird, das Heimschlagsrecht nur ausüben, sofern sein Grundstück unüberbaut oder mit einem Abbruchobjekt überbaut ist. Beim Quartierplan und bei der Grenzbereinigung ist zu beachten, dass diese Heimschlagsrechte nur dem entschädigungspflichtigen Grundeigentümer zustehen.

Die unterschiedliche Ausgestaltung der zürcherischen Heimschlagsrechte zeigt sich im weiteren darin, dass sich der Grundeigentümer teilweise entscheiden muss, ob er den Heimschlag oder eine allfällige Entschädigung aus materieller Enteignung verlangen will. Dies ist bei den Baulinien und beim Werkplan der Fall, wo dem Grundeigentümer das Heimschlagsrecht bloss wahlweise zu einem allfälligen Entschädigungsanspruch aus materieller Enteignung zusteht. Diese Erscheinungsform des Heimschlagsrechts wird als *alternatives Heimschlagsrecht* bezeichnet[4]. Daneben kennt das PBG auch *kumulative Heimschlagsrechte*. Bei diesen geht das Recht, die Übernahme des Grundstücks durch das Gemeinwesen zu fordern, durch die Geltendmachung einer Entschädigung aus materieller Enteignung nicht unter[5]. So kann ein Grundeigentümer, dessen Grundstück einer Freihalte- oder Erholungszone zugewiesen wird oder der von einer Natur- und Heimatschutzmassnahme be-

---

[4] Vgl. dazu vorne S. 32 ff.
[5] Vgl. dazu vorne S. 34 f.

troffen wird, das Heimschlagsrecht neben einem allfälligen Entschädigungsanspruch aus materieller Enteignung ausüben.

Diese Ausführungen zeigen, wie vielfältig die Heimschlagsrechte des zürcherischen Rechts sind. Jedes der Heimschlagsrechte des PBG unterscheidet sich von den anderen mehr oder weniger, sei es in den Voraussetzungen zur Geltendmachung des Heimschlagsrechts oder sei es in der inhaltlichen Ausgestaltung. Trotz der einzelnen Unterschiede liegt aber stets der Gedanke zugrunde, dass einem Grundeigentümer nicht zugemutet werden soll, Land behalten zu müssen, wenn dieses mit besonders schwerwiegenden Beschränkungen belegt wird oder wenn ihm, wie im Quartierplan, finanzielle Lasten aufgebürdet werden[6].

---

[6] VOLLENWEIDER, ZBl 76/1975, S. 340.

§ 8 Das Heimschlagsrecht bei Freihalte- und Erholungszonen

I. Funktion der Freihalte- und Erholungszonen

1. Freihaltezone

Freihaltezonen können sowohl auf kantonaler und regionaler als auch auf kommunaler Stufe festgelegt werden[1]. Sie dienen der *Erholung der Bevölkerung*, der *Bewahrung von Objekten des Natur- und Heimatschutzes* sowie der *Trennung und Gliederung der Bauzonen bzw. des Siedlungsgebietes*. Welchem dieser unterschiedlichen Zwecke eine Freihaltezone konkret dient, ergibt sich aus der Richtplanung[2], wobei eine Freihaltezone gleichzeitig mehrere oder gar alle dieser verschiedenen Funktionen wahrnehmen kann[3].

In kantonalen und regionalen Freihaltezonen dürfen gemäss § 40 Abs. 1 PBG nur solche oberirdischen *Bauten und Anlagen* erstellt werden, die der Bewirtschaftung oder unmittelbaren Bewerbung[4] der Freiflächen dienen und die den Zonenzweck nicht schmälern; für andere Bauten und Anlagen ist eine Ausnahmebewilligung gemäss Art. 24 RPG erforderlich. Diese Beschränkung gilt kraft der Verweisung von § 62 Abs. 1 PBG auch für kommunale Freihaltezonen[5]. In allen Freihaltezonen sind demnach nur solche Bauten erlaubt, die für die Nutzung der freibleibenden Fläche objektiv erforderlich sind[6]. Dabei bestimmt sich die zulässige bauliche Nutzung nach der Funktion der jeweiligen Freihaltezone[7]. So sind beispielsweise Fahrzeugabstellplätze in einer Freihaltezone, deren Aufgabe die Trennung des Siedlungsgebiets ist, zonenwidrig[8], während in einer Freihaltezone, die der Erholung der Bevölke-

---

[1] §§ 39 ff. und 61 ff. PBG.
[2] § 23 lit. c – e PBG. Dazu Entscheid des Verwaltungsgerichts, BEZ 1986 Nr. 35 E. 4a.
[3] RB 1981 Nr. 104 E. 1.
[4] Unter Bewirtschaftung eines Grundstücks ist dessen landwirtschaftliche Nutzung, unter Bewerbung eines Grundstücks dessen sonstige Nutzung zu verstehen; vgl. P. MÜLLER, S. 22.
[5] Vgl. Entscheid der Baurekurskommission I, BEZ 1994 Nr. 30 E. 4a.
[6] RB 1985 Nr. 81; VGr, BEZ 1993 Nr. 21 E. b.
[7] HALLER/KARLEN, N 590.
[8] VGr, BEZ 1988 Nr. 46.

rung dient, Bauten und Anlagen wie Spiel- und Sportplätze, Familiengärten und ähnliches als zonenkonform erachtet werden[9]. Die Freihaltezone mit Erholungsfunktion wird dementsprechend als Spezialbauzone i.S.v. Art. 18 Abs. 1 RPG aufgefasst[10]. Daneben übernehmen die Freihaltezonen des zürcherischen Rechts die Funktion der von Art. 17 RPG vorgesehenen Schutzzonen[11].

2. Erholungszone

Mit der Revision des PBG vom 1. September 1991 wurde auf der Ebene der kommunalen Nutzungsplanung eine spezielle Erholungszone geschaffen. Diese dient, wie die Freihaltezone mit Erholungsfunktion, der Erholung der Bevölkerung[12]. Erholungszonen sind für jene Gebiete auszuscheiden, in denen bauliche Massnahmen grösseren Umfangs zu Erholungszwecken vorgesehen sind, die nicht in einer Freihaltezone verwirklicht werden können[13], wobei nur Bauten und Anlagen zulässig sind, welche den Vorgaben der Richtplanung entsprechen[14]. Zu denken ist etwa an Sportstadien, Tribünenbauten, Hallenbäder, Bauten zu Fussball-, Tennis- und Golfplätzen, Bauten und Anlagen für den Schiesssport und dergleichen[15]. Bei der Erholungszone handelt es sich um eine eine Nichtbauzone überlagernde beschränkte Bauzone i.S.v. Art. 18 Abs. 1 RPG[16].

---

[9] HALLER/KARLEN, N 297, 590. Sind bauliche Massnahmen grösseren Umfangs zu Erholungszwecken, wie z.B. Sportbauten, geplant, ist dafür eine Erholungszone festzulegen, HALLER/KARLEN, N 297. – Nach der Ansicht von WOLF/KULL (N 28, 33, 36) sind Gebiete, die für Spiel- und Sportanlagen oder Familiengärten genutzt werden, ebenfalls der Erholungszone zuzuweisen.
[10] BGE 118 Ib 506 (Thalwil ZH); HALLER/KARLEN, N 297; vgl. auch WOLF/KULL, N 29.
[11] BGE 114 Ia 243 (Männedorf ZH); 118 Ib 506 (Thalwil ZH); HALLER/KARLEN, N 297.
[12] § 61 Abs. 1 PBG.
[13] HALLER/KARLEN, N 297 f.
[14] § 62 Abs. 2 PBG.
[15] BRK IV, BEZ 1993 Nr. 31.
[16] BRK IV, BEZ 1993 Nr. 31; HALLER/KARLEN, N 298; WOLF/KULL, N 34. Vgl. hierzu auch BGE 118 Ia 452 f. (Alvaneu GR).

§ 8 Das Heimschlagsrecht bei Freihalte- und Erholungszonen

II. Das Heimschlagsrecht

1. Anwendungsbereich des Heimschlagsrechts

a) Kantonale und regionale Freihaltezonen

Das Planungs- und Baugesetz enthält in § 41 Abs. 1 für die *kantonalen und regionalen Freihaltezonen* unter der Marginalie «Heimschlagsrecht» folgende Regelung:

> «Jeder Grundeigentümer hat neben einem allfälligen Entschädigungsanspruch aus materieller Enteignung das Recht, seine in der Freihaltezone gelegenen Grundstücke und Grundstückteile dem Staat heimzuschlagen.»

Anschliessend wird in § 42 PBG die Heimschlagsentschädigung, in § 43 das Verfahren zur Geltendmachung des Heimschlagsrechts und in § 44 ein Rückgriffsrecht des Staates auf Gemeinden, welche aus solchen Freihaltezonen besonderen Nutzen ziehen[17], geregelt.

b) Kommunale Freihalte- und Erholungszonen

Die Ausübung des Heimschlagsrechts ist im weiteren bei *kommunalen Freihalte- und Erholungszonen* möglich. So bestimmt § 62 Abs. 1 PBG für die kommunalen Freihalte- und Erholungszonen unter dem Randtitel «Rechtswirkungen» unter anderem, dass für die Rechte der Grundeigentümer hinsichtlich Inhalt und Verfahren die gleichen Bestimmungen gelten wie bei übergeordneten Freihaltezonen. Die in den §§ 41 ff. PBG für kantonale und regionale Freihaltezonen aufgestellten Bestimmungen finden folglich – kraft der Verweisung in § 62 Abs. 1 PBG – auch bei den kommunalen Freihaltezonen[18] und den kommunalen Erholungszonen[19] Anwendung, wobei die betroffenen Grundstücke der Gemeinde und nicht dem Staat heimgeschlagen werden[20].

---

[17] Vgl. dazu ABl 1973, S. 1814.

[18] BGE 113 Ib 214 (Küsnacht ZH c. X. und Mitbeteiligte); VGr, ZBl 92/1991, S. 472 E. 1 (Unterengstringen). Vgl. im weiteren die in Anm. 20 aufgeführte Judikatur, sowie AEMISEGGER, VLP Nr. 36, S. 127; DILGER, § 19 N 55; KLAMETH, S. 6; P. MÜLLER, S. 26.

[19] WOLF/KULL, N 35; HALLER/KARLEN, N 299.

[20] VGr, BEZ 1989 Nr. 39, S. 20 (Fall Hörnligraben, Wallisellen); RB 1986 Nr. 80 = ZBl 88/1987, S. 175 (Küsnacht c. X. und Mitbeteiligte); BEZ 1986 Nr. 23, S. 29 (Küsnacht c. T. AG).

2. Verhältnis des Heimschlagsrechts zur materiellen Enteignung

a) Zuweisung von Land in eine Freihalte- oder eine Erholungszone als möglicher enteignungsähnlicher Tatbestand

Im folgenden wird untersucht, unter welchen Voraussetzungen die Zuweisung eines Grundstücks in eine Freihalte- oder eine Erholungszone für den Grundeigentümer eine materielle Enteignung zur Folge haben kann. Diese Frage ist anhand der bundesgerichtlichen Rechtsprechung zur materiellen Enteignung, insbesondere anhand der Unterscheidung zwischen Auszonung und Nichteinzonung zu beurteilen[21].

Nach der Rechtsprechung des Bundesgerichts[22] liegt eine *Nichteinzonung* vor, wenn bei der erstmaligen Schaffung einer raumplanerischen Grundordnung, welche den verfassungsrechtlichen und gesetzlichen Anforderungen entspricht[23], eine Liegenschaft keiner Bauzone zugewiesen wird, und zwar unabhängig davon, ob nach früherem Recht das entsprechende Areal überbaut werden konnte. Die Nichteinzonung eines Grundstücks ist grundsätzlich entschädigungslos zu dulden. Nur ausnahmsweise kann die Nichteinzonung den Eigentümer enteignungsähnlich treffen[24]. Dies ist etwa dann der Fall, wenn sich die Nichteinweisung in eine Bauzone auf baureifes oder groberschlossenes Land bezieht, das von einem gewässerschutzrechtskonformen generellen Kanalisationsprojekt (GKP) erfasst wird, und wenn zudem der Eigentümer für die Erschliessung und Überbauung dieses Landes bereits erhebliche Kosten aufgewendet hat. Sodann können weitere besondere Gesichtspunkte des Vertrauensschutzes so gewichtig sein, dass ein Grundstück unter Umständen hätte eingezont werden müssen. Ein Einzonungsgebot kann ferner zu bejahen sein, wenn sich das fragliche Grundstück im weitgehend überbauten Gebiet (Art. 15 lit. a RPG) befindet. Solche Umstände hätten möglicherweise eine Einzonung gebieten können, so dass der Eigentümer am massgebenden Stichtag mit hoher Wahrscheinlichkeit mit einer aus eigener Kraft realisierbaren Überbauung seines Landes rechnen durfte. Trifft all dies jedoch nicht zu,

---

[21] Ausführlich zur Aus- und Nichteinzonung LEIMBACHER, S. 26 ff.; vgl. im weiteren ACKERET, S. 107 ff.; HALLER/KARLEN, N 499 ff.; PFISTERER, BVR 1990, S. 33 ff.; RIVA, S. 176 ff.; SCHÜRMANN/HÄNNI, S. 495 ff.

[22] BGE 118 Ib 42 m.w.H. (Geschwister R. c. Flims GR); 119 Ib 129 f. (Seengen AG); 121 II 423 f. (Meilen ZH c. Wille).

[23] Dazu PFISTERER, BVR 1990, S. 34.

[24] Vgl. als Beispiel BGE in ZBl 94/1993, S. 251 ff. (Allmendkorporation Horgen ZH) betr. Zuweisung von Land in eine kommunale Freihaltezone.

kann nicht von einer enteignungsähnlichen Wirkung der Nichteinzonung gesprochen werden.

Eine *Auszonung* liegt demgegenüber vor, wenn ein Grundstück, das sich in einer den Grundsätzen des Raumplanungsgesetzes entsprechenden Bauzone befand, einer Nichtbauzone zugewiesen wird. Eine Entschädigung aus materieller Enteignung ist allerdings nur geschuldet, wenn durch die eigentumsbeschränkende Massnahme eine bestehende Nutzung des Grundstücks oder die Möglichkeit einer künftigen besseren Nutzung (in der Regel ist damit die Überbauungsmöglichkeit gemeint) entzogen wird. Eine solche künftige Nutzungsmöglichkeit wird berücksichtigt, wenn im massgebenden Zeitpunkt, das heisst beim Inkrafttreten der eigentumsbeschränkenden Planungsmassnahme, anzunehmen war, sie lasse sich mit hoher Wahrscheinlichkeit in naher Zukunft verwirklichen[25]. Somit besteht eine Entschädigungspflicht aus materieller Enteignung, wenn baureifes Land, welches sich in einer RPG-konformen Bauzone befindet, einer Freihalte- oder einer Erholungszone zugewiesen wird, da in beiden Zonen nur noch eine beschränkte bauliche Nutzung möglich ist[26].

b) Vom Vorliegen einer materiellen Enteignung unabhängiges Heimschlagsrecht

Gemäss § 41 Abs. 1 PBG hat jeder Grundeigentümer[27] neben einem allfälligen Entschädigungsanspruch aus materieller Enteignung das Recht, seine in der Freihaltezone gelegenen Grundstücke und Grundstücksteile dem Staat heimzuschlagen. Nach der Rechtsprechung des *Verwaltungsgerichts* kann dieses Recht *unabhängig vom Vorliegen einer materiellen Enteignung* ausgeübt werden[28]. Diese Schlussfolgerung liegt aufgrund einer grammatikali-

---

[25] HALLER/KARLEN, N 502; vgl. auch LEIMBACHER, S. 56 ff.
[26] Vgl. BGE 113 Ib 318 ff. (Küsnacht ZH c. Blum-Rhis), wo das BGr die Zuweisung eines baureifen Grundstücks aus einer Landhauszone in eine kommunale Freihaltezone als Auszonung qualifizierte. Vgl. auch BGE 112 Ib 110 ff. (Rothuizen c. Commugny VD) betr. Umzonung eines Grundstücks aus der Zone für Einfamilienhäuser in die Landwirtschafts- und Rebbauzone.
[27] Auch dem Gemeinwesen als Grundeigentümerin steht das Heimschlagsrecht offen. Vgl. RB 1987 Nr. 96 E. b (Zollikon c. Staat Zürich) und den Sachverhalt dazu in ZBl 89/1988, S. 159 f.
[28] BEZ 1989 Nr. 39, Leitsatz in RB 1989 Nr. 89 (Fall Hörnligraben, Wallisellen). Vgl. im weiteren RB 1990 Nr. 105 = ZBl 92/1991, S. 474 (Unterengstringen); RB 1987 Nr. 96 (Zollikon c. Staat Zürich); RB 1986 Nr. 80 = ZBl 88/1987, S. 175 (Küsnacht c. X. und

schen und historischen Auslegung von § 41 Abs. 1 PBG nahe. So räumt § 41 Abs. 1 PBG nach seinem Wortlaut das Heimschlagsrecht neben einer «allfälligen» Entschädigung aus materieller Enteignung ein. Das Heimschlagsrecht besteht demzufolge unabhängig davon, ob für die Planungsmassnahme eine Entschädigung aus materieller Enteignung geschuldet ist oder nicht. Desgleichen zeigen die Gesetzesmaterialien, dass der historische Gesetzgeber der Meinung war, das Heimschlagsrecht könne auch bei Fehlen einer materiellen Enteignung geltend gemacht werden[29].

Das *Bundesgericht* hat im Entscheid Küsnacht ebenfalls angenommen, dass § 41 PBG das Heimschlagsrecht unabhängig davon gewähre, ob eine materielle Enteignung gemäss Art. 5 RPG vorliege oder nicht[30]. Diese Auffassung teilt auch die *Lehre*[31].

Das Heimschlagsrecht des Grundeigentümers hängt somit – im Gegensatz zum Zugrecht des Gemeinwesens[32] – allein von der Zuweisung des betreffenden Landes zur Freihaltezone ab[33]. Ob diese Planungsmassnahme eine materielle Enteignung bewirkt hat oder nicht, muss jedoch geprüft werden, da von der Beantwortung dieser Frage die Bemessung der Heimschlagsentschädigung abhängig ist[34].

Mitbeteiligte). – In RB 1979 Nr. 85 scheint das VGr noch die Auffassung zu vertreten, das Heimschlagsrecht bei Freihaltezonen könne nur «im Rahmen einer materiellen Enteignung» ausgeübt werden.

[29] BEZ 1989 Nr. 39 E. b (Fall Hörnligraben, Wallisellen) mit Hinweis auf die Weisung des Regierungsrates zum PBG, ABl 1973, S. 1813 f. – Wesentlich deutlicher zeigt allerdings das Votum von Kommissionspräsident HONEGGER (Protokoll des Kantonsrates 1971 – 1975, S. 9185), dass auch der historische Gesetzgeber davon ausgegangen ist, dass der Heimschlag nach § 41 Abs. 1 PBG unabhängig vom Vorliegen einer materiellen Enteignung besteht.

[30] BGE 113 Ib 217 (Küsnacht ZH c. X. und Mitbeteiligte).

[31] HALLER/KARLEN, N 482; VOLLENWEIDER, ZBGR 1980, S. 223; DILGER, § 19 N 55; P. MÜLLER, S. 36; KLAMETH, S. 5 f.

[32] Dazu hinten S. 62 ff.

[33] RB 1992 Nr. 95; VGr, 20. Dezember 1990, E. 1d (Volketswil); RB 1990 Nr. 106, S. 176 = ZBl 91/1990, S. 552 (Allmendkorporation Horgen); RB 1987 Nr. 96 (Zollikon c. Staat Zürich).

[34] Dazu hinten S. 112 ff.

c) Kumulatives Heimschlagsrecht

Laut § 41 Abs. 1 PBG kann das Heimschlagsrecht bei Freihalte- und Erholungszonen *neben* einem allfälligen Entschädigungsanspruch aus materieller Enteignung ausgeübt werden. Hierbei handelt es sich um ein *kumulatives Heimschlagsrecht*, das durch die Geltendmachung einer Entschädigung aus materieller Enteignung nicht untergeht[35]. Dem von einer materiellen Enteignung Betroffenen steht damit die Möglichkeit offen, vom Gemeinwesen zunächst eine Entschädigung wegen materieller Enteignung zu fordern und in einem späteren Zeitpunkt, nach Abschluss des Entschädigungsverfahrens, noch das Heimschlagsrecht auszuüben[36]. Diesfalls beschränkt sich die Heimschlagsentschädigung auf den dem Grundstück verbliebenen Restwert[37]. Hat die Einweisung eines Grundstücks in eine Freihalte- oder Erholungszone dagegen keine materielle Enteignung zur Folge, kann der Grundeigentümer lediglich das Heimschlagsbegehren stellen.

3. Umfang des Heimschlagsrechts

Heimschlagbar sind grundsätzlich nur die in der Freihalte- oder Erholungszone gelegenen Grundstücke und Grundstücksteile[38]. Wird beispielsweise im Rahmen einer Zonenplanrevision ein Teil eines bisher in der Bauzone gelegenen Grundstücks der kommunalen Freihaltezone zugewiesen, so kann der Grundeigentümer der Gemeinde nur diesen Grundstücksteil heimschlagen. Zur Vermeidung von Härten räumt indessen § 41 Abs. 2 PBG beiden Parteien, dem Grundeigentümer wie auch dem Gemeinwesen, das *Ausdehnungsrecht* gemäss § 8 bzw. § 9 des Gesetzes betreffend die Abtretung von Privatrechten (AbtrG) ein[39]. Danach kann der *Grundeigentümer* vom Gemeinwesen im Rahmen von § 8 AbtrG die Übernahme des ganzen Grundstücks ver-

---

[35] P. MÜLLER, S. 36; DILGER, § 19 N 55; VOLLENWEIDER, ZBGR 1980, S. 223; KLAMETH, S. 4.

[36] Dies im Unterschied zu den alternativen Heimschlagsrechten. Dazu vorne S. 32 ff.

[37] Vgl. dazu § 42 Abs. 2 PBG, wonach für materielle Enteignung bereits bezahlte Entschädigungen der Heimschlagsentschädigung anzurechnen sind.

[38] § 41 Abs. 1 und § 62 Abs. 1 i.V.m. § 41 Abs. 1 PBG. Vgl. auch VOLLENWEIDER, ZBGR 1980, S. 224.

[39] Die Ausübung des Ausdehnungsrechts seitens des Grundeigentümers oder des Gemeinwesens nach § 8 bzw. § 9 AbtrG setzt voraus, dass der Grundeigentümer das Heimschlagsrecht geltend gemacht hat, RB 1987 Nr. 96 (Zollikon c. Staat Zürich).

langen, wenn er den ihm verbleibenden, nicht in der Freihaltezone gelegenen Grundstücksteil nicht mehr oder nur mit grossen Schwierigkeiten verwenden kann[40]. Das *Gemeinwesen* demgegenüber ist berechtigt, die Übernahme des ganzen Grundstücks zu verlangen, wenn es dem Eigentümer neben der Heimschlagsentschädigung zusätzlich eine Minderwertentschädigung für den ihm verbleibenden Grundstücksteil auszurichten hat, die sich auf mehr als einen Viertel des Gesamtwertes dieses Restes beläuft (§ 9 AbtrG). Dadurch soll vermieden werden, dass das Gemeinwesen grosse Summen aufbringen muss, ohne einen brauchbaren Gegenwert zu erhalten[41].

Unklar ist, ob dieses bei den kantonalen und regionalen Freihaltezonen statuierte Ausdehnungsrecht auch im Zusammenhang mit kommunalen Freihalte- und Erholungszonen geltend gemacht werden kann. Für das Ausdehnungsrecht der Grundeigentümer ist dies – aufgrund der Verweisung in § 62 Abs. 1 PBG, wonach für die Rechte der Grundeigentümer die Bestimmungen der übergeordneten Freihaltezonen gelten – zu bejahen[42]. Für die Gemeinden hingegen fehlt ein analoger Hinweis. Nach der Auffassung von KLAMETH handelt es sich hierbei um ein redaktionelles Versehen, so dass auch die Gemeinden befugt sind, bei kommunalen Freihalte- und Erholungszonen das Ausdehnungsbegehren i.S.v. § 9 AbtrG zu stellen[43]. In der Tat ist kein Grund ersichtlich, weshalb das Ausdehnungsrecht gemäss § 9 AbtrG nur dem Staat, nicht aber den Gemeinden zustehen soll.

---

[40] Gemäss § 8 AbtrG kann der Grundeigentümer das Ausdehnungsrecht ausüben, wenn von einem Gebäude oder einem Komplex von Liegenschaften, der zur Betreibung eines Gewerbes dient, nur ein Teil in Abtretung fällt, ohne welchen die bisherige Benutzung des Gebäudes oder die Betreibung des Gewerbes entweder gar nicht oder nur mit grossen Schwierigkeiten möglich ist (Abs. 1). Dasselbe gilt, wenn von einem landwirtschaftlichen Grundstück oder einem Bauplatz nur ein so kleiner Teil übrig bleibt, dass dessen Benutzung oder Verwertung gar nicht oder nur mit grossen Schwierigkeiten möglich ist (Abs. 2).

[41] WIEDERKEHR, S. 76.

[42] Vgl. RB 1987 Nr. 96 E. b (Zollikon c. Staat Zürich); KLAMETH, S. 6.

[43] KLAMETH, S. 6 f. Vgl. auch VOLLENWEIDER, ZBGR 1980, S. 224 f.

III. Rückblick und Hinweise auf Regelungen anderer Kantone

1. Geschichtlicher Rückblick

Im Jahre 1959 wurde im Kanton Zürich das Baugesetz für Ortschaften mit städtischen Verhältnissen vom 23. April 1893 mit dem Ziel revidiert, eine umfassende gesetzliche Grundlage für den Erlass von Freihaltezonen zu schaffen[44]. Die Änderung des Baugesetzes war Folge eines die Stadt Zürich betreffenden Bundesgerichtsurteils vom Oktober 1951, in welchem das Bundesgericht festgehalten hatte, dass die Schaffung einer Grünzone, durch die privates Land mit einem praktisch vollständigen Bauverbot belegt wird, einer klaren gesetzlichen Grundlage bedürfe, welche im Kanton Zürich nicht gegeben sei[45]. Die Revision des Baugesetzes schloss diese Lücke, indem die Gemeinden ermächtigt wurden, im wesentlichen noch unüberbaute Gebiete in ihren Bauordnungen mit einem dauernden Bauverbot zu belegen, sei dies zur Wahrung schützenswerter Orts- und Landschaftsbilder, zur Freihaltung von Aussichtsanlagen, zur Gliederung grösserer zusammenhängender Siedlungsgebiete oder zur Erhaltung von Freiflächen in Wohngebieten (§ 68b BauG). Der zürcherische Gesetzgeber unterliess es aber, dem Grundeigentümer, dessen Grundstück einer Freihaltezone zugewiesen wurde, ein Heimschlagsrecht einzuräumen. Erst das Planungs- und Baugesetz vom 7. September 1975 brachte dem Grundeigentümer im Zusammenhang mit kantonalen, regionalen und kommunalen Freihaltezonen ein Heimschlagsrecht.

Durch das fehlende Heimschlagsrecht bei Freihaltezonen unterscheidet sich die zürcherische Regelung von 1959 nicht nur vom heute geltenden PBG, sondern auch von verschiedenen anderen in den fünfziger und sechziger Jahren erlassenen kantonalen Baugesetzen und kommunalen Bauordnungen. So bestimmte zum Beispiel der Kanton St. Gallen in Art. 117ter Abs. 1 EG ZGB[46] vom 3. Juli 1911/22. Juni 1942, dass der Eigentümer von der Gemeinde jederzeit den entgeltlichen Erwerb des Eigentums oder einer Dienstbarkeit verlangen konnte, wenn ein überbaubares Grundstück in einer

---

[44] Gesetz vom 24. Mai 1959 über die Abänderung und Ergänzung des Baugesetzes für Ortschaften mit städtischen Verhältnissen vom 23. April 1893 (OS 40, S. 521 ff.). Vgl. hierzu auch HINTERMANN, S. 52 ff.; RB 1968 Nr. 53.
[45] BGE 77 I 211 ff. (Rosenberger c. Stadt Zürich).
[46] Eingefügt durch Nachtragsgesetz zum EG ZGB vom 23. Dezember 1957 (Gesetzessammlung 1956 – 1960, S. 143 ff.), aufgehoben durch Art. 136 lit. c Baugesetz vom 6. Juni 1972.

Zone für Grünflächen, für öffentliche Bauten und Anlagen oder für Skiabfahrts- und Skiübungsgelände lag. Der Kanton Bern sah in seinem damaligen Gesetz über die Bauvorschriften vom 26. Januar 1958[47] in Art. 30 Abs. 1 vor, dass der Eigentümer, dessen Land für eine Grün- oder Freifläche beansprucht wurde, von der Gemeinde den sofortigen Erwerb des Grundstücks oder Schadenersatz für den Entzug der Baufreiheit verlangen konnte. Im weiteren räumte der Kanton Basel-Stadt in seiner Grünzonengesetzgebung vom 10. Mai 1962[48] dem Eigentümer einer der Bebauung entzogenen Grünfläche ein Heimschlagsrecht ein (§§ 4b – 4d Anhang zum Hochbautengesetz)[49]. Ferner konnte gemäss Art. 49 Abs. 1 des alten Baugesetzes des Kantons Freiburg vom 15. Mai 1962[50] der Eigentümer, dessen Liegenschaft zum Schutze einer Landschaft, zur Erhaltung einer Grünfläche oder zu ähnlichen Zwecken mit einem Bauverbot beschränkt wurde und der einen Schaden geltend machte, an Stelle einer Entschädigung die Enteignung der Liegenschaft durch das Gemeinwesen verlangen.

Auch verschiedene *Gemeinden* gewährten in ihren Bauordnungen dem von einer Frei- bzw. Grünzone betroffenen Grundeigentümer ein Heimschlagsrecht, so die Bauordnungen der Städte Aarau[51], Rorschach[52] und Romanshorn[53]. Die Bauordnung der Stadt Zürich vom 4. September 1946[54] enthielt in ihren die Grünzonen betreffenden Bestimmungen (Art. 48 – 52 BauO) ebenfalls ein Heimschlagsrecht. Gemäss Art. 50 Abs. 2 war der Grundeigentümer berechtigt, nach eingetretener Rechtskraft der Bauordnung den ganzen oder teilweisen Erwerb der in der Grünzone gelegenen unüberbauten Grund-

---

[47] Gesetze, Dekrete und Verordnungen des Kantons Bern, 1958, S. 12 ff.
[48] Basler Gesetzessammlung, Bd. 46 (1960 – 1962), S. 536 ff.
[49] Durch Änderung des Hochbautengesetzes vom 17. Oktober 1985 wurde § 4b aufgehoben, § 4c ist neu § 43 und § 4d ist neu § 44 Anhang zum HBG (Chronologische Gesetzessammlung des Kantons Basel-Stadt, 1985, S. 232). Der neu eingefügte § 42 Anhang zum HBG (i.V.m. § 7 EntG) entspricht in etwa dem aufgehobenen § 4b.
[50] Amtliche Sammlung des Kantons Freiburg, Bd. 131 (1962), S. 89 ff.
[51] § 51 Bauordnung aus dem Jahre 1959. Die entsprechende (kommentierte) Regelung findet sich bei ZIMMERLIN, Bauordnung, S. 192.
[52] Art. 13 Abs. 2 Bauordnung vom 14. Februar 1955 (erwähnt bei KUTTLER, Ortsplanung, S. 192 Anm. 45).
[53] Art. 76 Abs. 3 Baureglement vom 26. März 1962. Die entsprechende Regelung findet sich in einem Entscheid des BGr, ZBl 64/1963, S. 404 (Rohrer J.F. AG c. Romanshorn).
[54] Amtliche Sammlung der Stadt Zürich, Bd. 30 (1957 – 1959), S. 45 ff.

§ 8 Das Heimschlagsrecht bei Freihalte- und Erholungszonen

stücke durch die Gemeinde zu verlangen. Die Art. 48 – 52 der Bauordnung vom 4. September 1946 erwuchsen allerdings wegen der fehlenden Genehmigung des Regierungsrates nie in Rechtskraft[55]. Im Gegensatz zur Bauordnung von 1946 gewährte jene vom 12. Juni 1963 kein Heimschlagsrecht mehr[56].

2. *Hinweise auf Regelungen anderer Kantone*

Heute sehen folgende Kantone ausdrücklich ein Heimschlagsrecht bei Freihalte- bzw. Grünzonen vor:

- *Appenzell Ausserrhoden:* Art. 64 Abs. 1 EG zum RPG;
- *Appenzell Innerrhoden:* Art. 46 Abs. 1 BauG;
- *Basel-Stadt:* §§ 42 – 44 Anhang zum HBG;
- *Obwalden:* Art. 26 Abs. 2 BauG[57];
- *Zug:* § 22 i.V.m. § 30 BauG.

In Appenzell Ausserrhoden und Zug besteht das Heimschlagsrecht – wie im Kanton Zürich – unabhängig vom Vorliegen einer materiellen Enteignung[58]. In Appenzell Innerrhoden und Obwalden kann das Heimschlagsrecht hingegen nur geltend gemacht werden, wenn die Zuweisung zur Freihalte- bzw. Grünzone eine materielle Enteignung zur Folge hat. In Basel-Stadt wird danach unterschieden, ob eine unüberbaute oder eine überbaute Liegenschaft der Grünzone zugewiesen wird. Im letzteren Fall kann der Eigentümer auch bei Fehlen einer materiellen Enteignung die Übernahme von Gebäude und Land verlangen[59].

---

[55] Vgl. Amtliche Sammlung der Stadt Zürich, Bd. 33 (1966 – 1968), Titelregister der am 1. Januar 1969 gültigen Erlasse, S. 16. Auf den 1. Dezember 1969 trat die neue Bauordnung vom 12. Juni 1963 in Kraft. – Die Genehmigung des Regierungsrates konnte bis zur Revision des BauG im Jahre 1959 nicht erfolgen, da es an einer gesetzlichen Grundlage, welche die Gemeinden zum Erlass von Freihaltezonen ermächtigt hätte, fehlte. Vgl. BGE 77 I 225 E. 7 (Rosenberger c. Stadt Zürich), sowie vorne bei Anm. 45. Nach der Änderung des BauG von 1959 bestand an der Inkraftsetzung der Art. 48 – 52 offenbar kein Interesse mehr, wohl weil sich zu dieser Zeit eine Totalrevision der Bauordnung der Stadt Zürich bereits abzeichnete.

[56] Vgl. Art. 50 – 52 Bauordnung der Stadt Zürich vom 12. Juni 1963 (Bereinigte Sammlung der Stadt Zürich, 1975, Bd. 2, S. 420 ff.). Vgl. auch MEIER-HAYOZ/ROSENSTOCK, S. 26.

[57] Dazu BGE 108 Ib 334 ff. (Sarnen OW c. Abegg); VVGE 1985/86 Nr. 63.

[58] Vgl. für Zug ZGGVP 1985/86, S. 45 f.

[59] § 44 Abs. 1 Anhang zum HBG für überbaute, § 42 Abs. 1 Anhang zum HBG i.V.m.

IV. Exkurs: Das Zugrecht des Gemeinwesens bei Freihalte- und Erholungszonen

Als Gegenstück zum Heimschlagsrecht des Grundeigentümers sieht das zürcherische Planungs- und Baugesetz zugunsten des Gemeinwesens das Zugrecht vor[60]. § 43a PBG beinhaltet folgende Regelung:

«Der Staat kann im Entschädigungsverfahren aus materieller Enteignung die Zusprechung des betreffenden Landes zu Eigentum verlangen, wenn die Entschädigungsforderung für die mit der Freihaltezone verbundenen Eigentumsbeschränkungen mehr als zwei Drittel des Verkehrswerts beträgt und wenn er sich verpflichtet, das Land innert vier Jahren nach der Eigentumsübertragung der Öffentlichkeit zugänglich zu machen oder einer bisherigen besonderen Nutzung, derentwegen das Land der Freihaltezone zugewiesen worden ist, dauernd zu erhalten.

Die Entschädigung für die Zusprechung des Eigentums bemisst sich nach den Verhältnissen bei Eintreten der Rechtskraft der Freihaltezone. Sie ist von dem Zeitpunkt an zu verzinsen, in dem der Berechtigte die Entschädigung aus materieller Enteignung geltend gemacht hat.

Macht der Staat den Anspruch auf Eigentum geltend, sind die Entschädigungen für die Eigentumsbeschränkungen und für die Zusprechung des Eigentums gesondert festzustellen.

Der Staat kann innert 60 Tagen nach Eintritt der Rechtskraft des Entscheids auf die Zusprechung des Eigentums verzichten.»

Diese Bestimmung ersetzt die bisherige Regelung des § 63 PBG, welche mit der Revision vom 1. September 1991 aufgehoben wurde. Das Zugrecht, das bisher nur den Gemeinden bei kommunalen Freihaltezonen zustand[61], wird nun auch dem Kanton bezüglich kantonaler und regionaler Freihaltezonen eingeräumt. Den Gemeinden steht das Zugrecht weiterhin bei den kommunalen Freihaltezonen offen, zudem bei den neu geschaffenen Erholungszonen (§ 62 Abs. 1 i.V.m. § 43a PBG)[62].

---

§ 7 Abs. 1 EntG für unüberbaute Liegenschaften. Vgl. auch KUTTLER, Ortsplanung, S. 190 ff., sowie vorne bei Anm. 48 f.

[60] An Grundstücken in Freihalte- und Erholungszonen räumt § 64 PBG dem Gemeinwesen überdies das Vorkaufsrecht ein. Vgl. (allerdings noch zu der Fassung des § 64 PBG von 1975) VOLLENWEIDER, ZBGR 1980, S. 219 f.

[61] Unter dem alten Recht war noch bewusst auf eine Einräumung des Zugrechts zugunsten des Staates verzichtet worden. VOLLENWEIDER, ZBl 76/1975, S. 339 Anm. 33; ABl 1973, S. 1820.

[62] Vgl. auch WOLF/KULL, N 30, 35.

§ 8 Das Heimschlagsrecht bei Freihalte- und Erholungszonen 63

Im Unterschied zum Heimschlagsrecht besteht das Zugrecht nur dann, wenn die Zuweisung des Grundstücks zur Freihaltezone eine materielle Enteignung bewirkt[63]. Das Zugrecht ist im deswegen durchgeführten *Entschädigungsverfahren aus materieller Enteignung* auszuüben, wobei das Gemeinwesen das Begehren um Zusprechung des Eigentums nicht schon im Verfahren vor der Schätzungskommission zu stellen braucht. Das Zugrecht kann auch noch in der Klageschrift vor Verwaltungsgericht geltend gemacht werden[64]. Die erstmalige Geltendmachung des Zugrechts im Klageverfahren[65] setzt allerdings voraus, dass das Entschädigungsverfahren vor Verwaltungsgericht überhaupt eine Fortsetzung findet. Dies ist dann der Fall, wenn entweder die Frage, ob eine materielle Enteignung vorliegt, oder die Höhe der Entschädigung noch streitig ist[66]. Ein Gemeinwesen, welches das Zugrecht nicht bereits im Schätzungsverfahren ausübt, muss sich also der Gefahr bewusst sein, dass es dieses Recht im Klageverfahren nicht mehr wahrnehmen kann, wenn das Entschädigungsverfahren schon vor der Schätzungskommission rechtskräftig abgeschlossen wird.

Die Ausübung des Zugrechts setzt sodann voraus, dass die vom Gemeinwesen zu erbringende Entschädigung für die mit der Freihaltezone verbundenen Eigentumsbeschränkungen *mehr* als zwei Drittel des Verkehrswertes beträgt. Der Grundeigentümer hat damit die Möglichkeit, die Ausübung des Zugrechts abzuwenden, indem er seine Entschädigungsforderung aus materieller Enteignung auf zwei Drittel des Verkehrswertes beschränkt[67]. Eine weitere Voraussetzung für die Geltendmachung des Zugrechts besteht schliesslich darin,

---

[63] Das Zugrecht bildet daher nicht ein eigentliches Gegenstück zum Heimschlagsrecht. Vgl. RB 1990 Nr. 106, S. 175 f. = ZBl 91/1990, S. 552 (Allmendkorporation Horgen).

[64] RB 1990 Nr. 106 = ZBl 91/1990, S. 549 ff. (Allmendkorporation Horgen); BEZ 1990 Nr. 31 E. e; vgl. auch BGE in ZBl 94/1993, S. 257 f. (Allmendkorporation Horgen). – Im Verwaltungsgerichtsbeschwerdeverfahren vor Bundesgericht kann das Zugrechtsbegehren nicht mehr gestellt werden, BGE in ZBl 94/1993, S. 254 ff.

[65] Der Antrag des Regierungsrates zur Revision des Verwaltungsrechtspflegegesetzes sieht in Änderung der geltenden Verfahrensordnung vor, dass Entscheide der Schätzungskommissionen inskünftig mit Rekurs an das Verwaltungsgericht weitergezogen werden können; die Durchführung des Klageverfahrens nach § 82 lit. g VRG (vgl. dazu VGr, ZBl 78/1977, S. 560 E. 6) entfällt. Siehe § 82 lit. g VRG und § 46 AbtrG in der vorgeschlagenen neuen Fassung, ABl 1995, S. 1510, 1519 f., 1543. Dazu auch hinten S. 125.

[66] BEZ 1990 Nr. 31, Leitsatz in RB 1990 Nr. 107 (Präzisierung der Rechtsprechung).

[67] RB 1979 Nr. 114. Vgl. auch ZBl 91/1990, S. 556 (Winterthur); VGr, 11. Mai 1990, E. 5b (Rorbas); VOLLENWEIDER, ZBGR 1980, S. 221 Anm. 99.

dass sich das Gemeinwesen verpflichten muss, das Land innert vier Jahren nach der Eigentumsübertragung der *Öffentlichkeit zugänglich zu machen* oder einer *bisherigen besonderen Nutzung*, derentwegen das Land der Freihaltezone zugewiesen worden ist, *dauernd zu erhalten*.

Die Einführung des Zugrechts wie auch dessen Beibehaltung bei der Revision des PBG von 1991[68] wurde damit begründet, dass es stossend sei, wenn das Gemeinwesen für die blosse rechtliche Sicherung der Unüberbaubarkeit eines Grundstücks eine dem Verkehrswert nahekommende Entschädigung aus materieller Enteignung zu bezahlen habe, ohne sachenrechtlich über das Land verfügen zu können[69]. Fraglich ist allerdings, ob die vom Gesetzgeber getroffene Regelung vor der Eigentumsgarantie, namentlich dem Grundsatz der Verhältnismässigkeit, standhält[70]. Das Verwaltungsgericht ist der Auffassung, dass die Bestimmung verfassungskonform ausgelegt werden kann. Nach Ansicht des Gerichts ist das Zugrecht dann mit der Eigentumsgarantie vereinbar, wenn an die Erklärung des Gemeinwesens betreffend die künftige Nutzung des Landes hohe Anforderungen gestellt werden. So genügt es nicht, dass das Gemeinwesen lediglich die den Gesetzeswortlaut wiederholende Erklärung abgibt, das Land entweder der Öffentlichkeit zugänglich zu machen oder dauernd seiner bisherigen Nutzung zu erhalten; vielmehr muss es sich bei der Geltendmachung des Zugrechts *verbindlich* für den einen oder anderen Grund entscheiden. Dabei kommt die dauernde Erhaltung des bisherigen Nutzungszweckes nur dort in Frage, wo es um die Bewahrung einer besonderen Bewirtschaftungsform – wie zum Beispiel des Rebbaus – geht; fehlt es an einer solchen Nutzweise, so kann das Zugrecht nur aufgrund einer

---

[68] Der Antrag der Regierungsrates zur Änderung des Planungs- und Baugesetzes sah eine Aufhebung des Zugrechts vor. Begründet wurde der Antrag damit, dass das Zugrecht oft in stossender Weise bewirke, dass der nicht abtretungswillige Grundeigentümer zum Verzicht auf einen Teil der ihm zustehenden Entschädigung für den durch die Festsetzung einer Freihaltezone bewirkten Minderwert gezwungen werde. Vgl. ABl 1989, S. 1721, 1753.

[69] Weisung des Regierungsrates zum PBG, ABl 1973, S. 1820 f.; Protokoll des Kantonsrates 1987 – 1991, S. 13348 ff.; RB 1979 Nr. 114; 1990 Nr. 108 = ZBl 91/1990, S. 555 f. (Winterthur), je mit Hinweisen auf die Materialien. Vgl. auch ZIMMERLIN, Kommentar Baugesetz, § 216 N 3.

[70] HALLER/KARLEN (N 476) weisen darauf hin, dass die geltende Regelung im Ergebnis eine formelle Enteignung nach einem rein quantitativen Massstab (Entschädigungsanspruch von mehr als zwei Dritteln des Verkehrswerts) anstatt nach der qualitativen Abwägung von öffentlichem und privatem Interesse zulasse. Vgl. auch H.P. MOSER, ZBl 78/1977, S. 562.

Verpflichtungserklärung, das Land der Öffentlichkeit zugänglich zu machen, ausgeübt werden[71].

---

[71] RB 1990 Nr. 108 = ZBl 91/1990, S. 553 ff. (Winterthur); BEZ 1990 Nr. 31 E. b.

§ 9 Das Heimschlagsrecht bei Baulinien

I. Die Baulinien

1. Funktion der Baulinien

Die wichtigste Funktion der Baulinie besteht in der *Freihaltung von Land* für Bauten und Anlagen im öffentlichen Interesse, deren Landbedarf sich nicht auf abgeschlossene Parzellen beschränkt[1]. Dabei bildet die «Freihaltung von Räumen für Verkehrsanlagen im weitesten Sinn, insbesondere für Strassen inkl. der sie begleitenden Nebenanlagen aller Art», den wichtigsten Anwendungsfall[2]. Die Freihaltefunktion wird durch weitere Funktionen ergänzt[3]. So bezwecken Verkehrsbaulinien neben der Freihaltung des eigentlichen Verkehrsraumes die Schaffung unüberbauter Streifen entlang der Strasse (sog. Vorgärten). Zudem gewähren sie den an der Strasse gelegenen Gebäuden ein hinreichendes Mass an Licht, Luft und Sonne und verschaffen ihnen einen gewissen Schutz gegen die Immissionen des Verkehrs[4]. Daneben dienen die Baulinien der *Sicherung des Landerwerbs* und damit der Vorbereitung der formellen Enteignung[5]. Gemäss § 110 PBG steht dem Werkträger mit der Rechtskraft der Bau- und Niveaulinien im Rahmen ihrer Zweckbestimmung das Enteignungsrecht zu[6].

2. Rechtswirkungen der Baulinien

Für Land innerhalb der Baulinien gilt grundsätzlich ein generelles, unbefristetes[7] *Bauverbot*[8]. Es dürfen nur noch solche Bauten und Anlagen erstellt

---

[1] Vgl. § 96 Abs. 1 PBG; HALLER/KARLEN, N 353.
[2] FLACH, S. 900.
[3] FLACH, S. 900. Vgl. zu den einzelnen Baulinienfunktionen FLACH, S. 139 ff.
[4] BRK II, BEZ 1981 Nr. 42.
[5] BGE 118 Ia 374 (Männedorf ZH).
[6] Vgl. dazu BGE 118 Ia 399 f. (Thalwil ZH).
[7] BGE 118 Ia 374 f. (Männedorf ZH); DILGER, § 11 N 52.
[8] Vgl. den entsprechenden Randtitel von § 99 PBG («Bauverbot»), sowie u.a. RB 1991 Nr. 52; BRK I, BEZ 1982 Nr. 49; HALLER/KARLEN, N 354; SCHÜRMANN/HÄNNI, S. 185.

werden, die dem Zweck der Baulinien nicht widersprechen[9]. Werden Baulinien in bereits überbauten Gebieten gezogen, so hat dies für die im Baulinienbereich liegenden Bauten und Anlagen ein *Änderungsverbot* zur Folge. Die bestehenden Bauten und Anlagen dürfen zwar – im Sinne der Besitzstandsgarantie – entsprechend ihrem bisherigen Verwendungszweck unterhalten und modernisiert werden, weitergehende Veränderungen sind hingegen grundsätzlich nicht gestattet[10]. Von dem durch die Baulinien bewirkten Bau- und Änderungsverbot sind indessen gewisse Ausnahmen vorgesehen[11]. Bewirkt die Baulinienziehung eine materielle Enteignung, so hat der Eigentümer Anspruch auf *Entschädigung*[12]. Ferner steht ihm das *Heimschlagsrecht* zu[13].

3. Verfahren für die Festsetzung von Bau- und Niveaulinien

Für die Festlegung von Bau- und Niveaulinien für kommunale Anlagen ist die Gemeinde zuständig, in den anderen Fällen die Baudirektion[14]. Gegenüber der Festsetzung von Baulinien besteht ein Anspruch auf richterliche Überprüfung nach Art. 6 Ziff. 1 EMRK, da diese Pläne dem Werkträger das Enteignungsrecht erteilen[15].

---

[9] § 99 Abs. 1 PBG.
[10] § 101 PBG. Vgl. dazu RB 1981 Nr. 108 = BEZ 1981 Nr. 2.
[11] §§ 100, 101 Abs. 2 PBG. Vgl. HALLER/KARLEN, N 725 mit Hinweisen auf die verwaltungsgerichtliche Praxis zu den §§ 100 Abs. 3 und 101 Abs. 2 PBG.
[12] § 102 PBG.
[13] §§ 103 f. PBG.
[14] §§ 108 f. PBG.
[15] BGE 118 Ia 382 f. (Männedorf ZH); 120 Ia 30 f. E. 4d (Fischenthal ZH). – Um einen EMRK-konformen Rechtsschutz zu gewährleisten, erklärt sich das Verwaltungsgericht neuerdings zur Überprüfung von Baulinien für zuständig. Diese unterliegen der Beschwerde an das Verwaltungsgericht (§ 44 VRG), BEZ 1995 Nr. 29.

II. Das Heimschlagsrecht

1. Das Heimschlagsrecht des § 103 Abs. 1 PBG

a) Gesetzliche Regelung

Das Planungs- und Baugesetz enthält in § 103 Abs. 1 das folgende Heimschlagsrecht:

> «Wird ein unüberbautes oder mit einem Abbruchobjekt überbautes Grundstück wegen einer Baulinie unüberbaubar und kann es auch nicht durch einen Quartierplan wieder überbaubar gemacht werden, so hat der betroffene Grundeigentümer wahlweise zu einem allfälligen Entschädigungsanspruch das Heimschlagsrecht.»

b) Voraussetzungen zur Geltendmachung des Heimschlagsrechts

aa) *Unüberbaubarkeit:* Das Heimschlagsrecht des § 103 Abs. 1 PBG kann nur ausgeübt werden, wenn ein Grundstück wegen einer Baulinie endgültig[16] unüberbaubar wird. Unüberbaubar wird ein Grundstück wegen einer Baulinie, wenn es entweder ganz zwischen die Baulinien fällt[17] oder wenn es durch diese derart durchschnitten wird, dass eine wirtschaftlich angemessene und planerisch sinnvolle Überbauung der freibleibenden Abschnitte nicht möglich ist[18].

Geltend gemacht werden kann das Heimschlagsrecht – wie § 103 Abs. 1 PBG festhält – nur dann, wenn sich die durch die Baulinien bewirkte Unüberbaubarkeit nicht durch einen *Quartierplan* beheben lässt. Zu prüfen ist somit, ob dem Eigentümer nicht in einem Quartierplan-[19] oder Grenzbereinigungsverfahren[20] eine Bauparzelle zugeteilt werden kann. § 103 Abs. 1 PBG erwähnt zwar nur den Quartierplan, dies allerdings im Sinne eines Oberbegriffs[21]. Im Entwurf zum heutigen § 103 Abs. 1 PBG war denn auch

---

[16] Vgl. § 104 Abs. 1 PBG.
[17] Für Land innerhalb der Baulinien gilt grundsätzlich ein Bauverbot (§ 99 PBG).
[18] Vgl. dazu § 29 Abs. 2 des alten Baugesetzes (hinten S. 75), sowie GUTZWILLER, S. 104; Verwaltungsgericht Zug, ZGGVP 1979/80, S. 45 f. Vgl. auch BGE 110 Ib 362 E. 2b (Staat Wallis c. Erben Schwestermann).
[19] §§ 123 ff. PBG.
[20] §§ 178 ff. PBG. Bei der Grenzbereinigung handelt es sich um eine Sonderform des Quartierplans, welche dann zur Anwendung gelangt, wenn der Grenzverlauf oder Baulinien eine zweckmässige Überbauung einzelner Grundstücke hindern (§ 178 Abs. 1 PBG). Vgl. dazu hinten S. 101.
[21] Vgl. VOLLENWEIDER, ZBGR 1980, S. 225 Anm. 109; DERSELBE, ZBl 76/1975, S. 340.

§ 9 Das Heimschlagsrecht bei Baulinien 69

die Grenzbereinigung neben dem Quartierplan ausdrücklich erwähnt[22]. Ist es möglich, dem Eigentümer im Rahmen eines Quartierplan- oder Grenzbereinigungsverfahrens eine Bauparzelle zuzuteilen, so entfällt das Heimschlagsrecht[23].

Weiter setzt das Heimschlagsrecht voraus, dass sich die Unüberbaubarkeit nicht durch eine *Ausnahmebewilligung* i.S.v. § 100 Abs. 3 PBG beseitigen lässt. Diese Voraussetzung wird im Gesetz nicht ausdrücklich erwähnt. Kann aber dem Eigentümer eine Ausnahme von dem durch Baulinien bedingten Bauverbot gewährt werden, so ist das Grundstück nicht unüberbaubar.

bb) *Unüberbaute oder mit einem Abbruchobjekt überbaute Grundstücke:* Entsprechend der Praxis zu § 29 Abs. 2 des Baugesetzes von 1893 sieht § 103 Abs. 1 PBG vor, dass das Heimschlagsrecht nur bei einem Grundstück geltend gemacht werden kann, das entweder nicht oder lediglich mit einem Abbruchobjekt überbaut ist. Grundstücke, die bereits überbaut sind, können nicht heimgeschlagen werden[24]. Dafür lässt sich folgender Grund aufführen: Während dem Eigentümer eines überbauten Grundstücks, das von Baulinien angeschnitten wird oder das ganz in den Baulinienbereich zu liegen kommt, der wichtigste Gebrauch des Grundstücks, die Benutzung der bestehenden Baute, erhalten bleibt[25], wird dem Eigentümer einer Parzelle, die nicht oder nur mit einem Abbruchobjekt überbaut ist, durch das baulinienbedingte Bauverbot eine der wesentlichsten Nutzungsmöglichkeiten, nämlich die Möglichkeit, sein Grundstück zu überbauen, entzogen. Die Baulinienziehung hat folglich für den Eigentümer einer unüberbauten oder mit einem Abbruchobjekt überbauten Landparzelle eine wesentlich stärkere Beeinträchtigung seiner Eigentumsbefugnisse zur Folge[26]. Die Heimschlagsberechtigung will in diesem Fall dem Grundeigentümer die Unannehmlichkeit ersparen, ein Grundstück zu behalten, von dem er keinen Nutzen mehr hat[27].

---

[22] § 172 Abs. 1 des Entwurfs lautet: «Wird ein unbebautes oder mit einem Abruchobjekt bebautes Einzelgrundstück wegen einer Baulinie unüberbaubar und kann es auch nicht durch einen Quartierplan oder eine *Grenzbereinigung* wieder überbaubar gemacht werden, so hat der betroffene Grundeigentümer wahlweise zu einem allfälligen Entschädigungsanspruch das Heimschlagsrecht.» ABl 1973, S. 1687.

[23] Vgl. dazu auch MAAG/MÜLLER, N 9 zu § 29 BauG von 1893.

[24] RB 1979 Nr. 85, 1965 Nr. 115; MAAG/MÜLLER, N 8 zu § 29 BauG von 1893.

[25] Vgl. § 101 PBG.

[26] Vgl. MAAG/MÜLLER, N 8 zu § 29 BauG von 1893.

[27] RB 1979 Nr. 85.

2. Das Heimschlagsrecht des § 103 Abs. 2 PBG

Ein weiteres Heimschlagsrecht räumt das Planungs- und Baugesetz dem Grundeigentümer ein, wenn Baulinien die Überbauung eines sonst selbstständig überbaubaren *Teils eines Grundstücks* verhindern. § 103 Abs. 2 PBG umschreibt dieses Heimschlagsrecht folgendermassen:

> «Das gleiche Recht gilt für den Teil eines grösseren Grundstücks, der ohne die Baulinie selbständig überbaubar gewesen wäre; heimgeschlagen werden kann die Fläche, die voraussichtlich beim Endausbau der betreffenden Anlage abzutreten wäre.»

Wie Abs. 1 von § 103 PBG setzt Abs. 2 voraus, dass ein Grundstück wegen einer Baulinie unüberbaubar wird[28]. Der Begriff der Unüberbaubarkeit ist dabei gleich zu verstehen wie im Falle von § 103 Abs. 1 PBG[29]. Im Unterschied zu dieser Bestimmung, die verlangt, dass ein ganzes Grundstück wegen einer Baulinie unüberbaubar wird, erfordert das Heimschlagsrecht nach § 103 Abs. 2 PBG dagegen nur, dass ein Teil eines grösseren Grundstücks, der selbständig überbaubar wäre, wegen einer Baulinie unüberbaubar wird.

Der Heimschlag eines ohne die Baulinienziehung selbständig überbaubaren Grundstücksteils kann wie bei § 103 Abs. 1 PBG nur gefordert werden, wenn dieser unüberbaut oder mit einem Abbruchobjekt überbaut ist. Dies ergibt sich einerseits aufgrund der ratio legis: § 103 Abs. 2 PBG will verhindern, dass ein Grundeigentümer den mit Baulinien belasteten Grundstücksteil abparzelliert, um so das Heimschlagsrecht nach § 103 Abs. 1 PBG zu erwirken. Andererseits besteht kein Bedürfnis nach der Einräumung eines Heimschlagsrechts, wenn der Grundstücksteil bereits überbaut ist, da dem Eigentümer der wichtigste Gebrauch von Grund und Boden, nämlich die Benutzung der bestehenden Baute, erhalten bleibt[30].

Interessant ist, dass der Grundeigentümer vom zuständigen Gemeinwesen nicht die Übernahme des ganzen ohne die Baulinienziehung selbständig überbaubaren Grundstücksteils fordern kann. Unter Umständen steht ihm nicht einmal die Möglichkeit offen, die Übernahme des gesamten zwischen den Baulinien liegenden Landes zu verlangen. § 103 Abs. 2 Hlbs. 2 PBG sieht

---

[28] VOLLENWEIDER, ZBl 76/1975, S. 339 f.
[29] Dazu vorne S. 68 f.
[30] Vgl. § 101 PBG.

nämlich nur vor, dass der Eigentümer die Fläche heimschlagen kann, die voraussichtlich beim Endausbau der mit den Baulinien zu sichernden Anlage abzutreten wäre[31]. Verfolgt beispielsweise eine Baulinie neben dem Zweck, Land für eine geplante Verkehrsanlage freizuhalten, auch noch das Ziel, Vorgärten zu erhalten[32], so kann der Grundeigentümer das Vorgartenland nicht heimschlagen, sondern nur die Fläche, welche für den Endausbau der Verkehrsanlage notwendig ist[33].

3. Verhältnis des Heimschlagsrechts zur materiellen Enteignung
a) Baulinien als möglicher enteignungsähnlicher Tatbestand

Bei den Baulinienplänen handelt es sich um Sondernutzungspläne im Sinne des Raumplanungsrechts[34]. Führen diese Pläne zu Eigentumsbeschränkungen, die einer Enteignung gleichkommen, so ist gemäss Art. 5 Abs. 2 RPG volle Entschädigung zu leisten. Das PBG sieht in § 102 ebenfalls ausdrücklich vor, dass für die mit den Baulinien verbundenen Eigentumsbeschränkungen eine Entschädigung geschuldet ist, wenn sie eine materielle Enteignung bewirken.

Im allgemeinen führen Baulinien *nicht* zu einem besonders schweren Eingriff in das Eigentum[35], jedenfalls dann nicht, wenn auf dem nicht belasteten Grundstücksteil eine wirtschaftlich angemessene und planerisch sinnvolle Überbauung möglich ist[36]. Eine materielle Enteignung liegt in der Regel nur vor, wenn ein Baugrundstück vollständig oder zum grössten Teil innerhalb der Baulinien liegt oder durch diese derart zerschnitten wird, dass darauf nicht mehr oder nicht mehr wirtschaftlich gebaut werden kann[37]. Zu prüfen bleibt allerdings, ob die Nachteile, die aus der Durchschneidung von Par-

---

[31] Hierbei ist das dem Grundeigentümer und dem Gemeinwesen nach § 8 bzw. § 9 AbtrG zustehende Ausdehnungsrecht mitzuberücksichtigen.
[32] Vgl. § 96 Abs. 2 lit. a PBG.
[33] Weisung des Regierungsrates zum PBG, ABl 1973, S. 1845.
[34] BGE 118 Ia 378 (Männedorf ZH); KUTTLER, ZBl 88/1987, S. 200 m.w.H.
[35] BGE 109 Ib 118 (Guler c. Klosters GR); RB 1979 Nr. 85; GRISEL, S. 770; HÄFELIN/MÜLLER, Rz. 1706.
[36] BGE 110 Ib 361 f. (Staat Wallis c. Erben Schwestermann); HALLER/KARLEN, N 512; KUTTLER, ZBl 88/1987, S. 198.
[37] BGE 110 Ib 362 (Staat Wallis c. Erben Schwestermann); RB 1979 Nr. 85; HALLER/KARLEN, N 512; SCHÜRMANN/HÄNNI, S. 185 f., 499; RHINOW/KRÄHENMANN, S. 412 f.

zellen mit Baulinien entstehen, nicht mit den hierfür vorgesehenen Parzellarordnungsmassnahmen, allenfalls auch durch Ausnahmebewilligungen, zu beheben sind und ob damit eine enteignungsähnliche Wirkung der Baulinien abgewendet werden könnte[38].

Die Frage der Entschädigungspflicht des Gemeinwesens stellt sich angesichts des in der Rechtsprechung vertretenen Grundsatzes der Entschädigungslosigkeit polizeilich motivierter Eigentumsbeschränkungen[39] hingegen nicht, wenn die Baulinienziehung aus *(bau-)polizeilichen*, den unmittelbaren Schutz des Eigentümers verfolgenden Gründen angeordnet wird[40]. So ist etwa die Festsetzung einer Baulinie, die den Schutz des Grundeigentümers vor Lawinen oder Steinschlag bezweckt, vom Eigentümer entschädigungslos hinzunehmen[41]. Ebenso bildet nach der Rechtsprechung die Festlegung einer Waldabstandslinie in der Regel einen Polizeieingriff, der entschädigungslos zu dulden ist[42].

b) Vom Vorliegen einer materiellen Enteignung unabhängiges Heimschlagsrecht

Nach dem Wortlaut von § 103 Abs. 1 PBG steht dem Grundeigentümer das Heimschlagsrecht wahlweise zu einem *allfälligen* Entschädigungsanspruch aus materieller Enteignung zu. Dieses Heimschlagsrecht kann demnach unabhängig davon, ob für die mit den Baulinien verbundenen Eigentumsbeschränkungen eine Entschädigung aus materieller Enteignung geschuldet ist oder nicht, ausgeübt werden[43]. Die Eigentumsbeschränkung, die Voraussetzung des Heimschlagsrechts gemäss § 103 PBG bildet, kann zwar einer materiellen Enteignung gleichkommen, doch ist dies nicht zwingend. § 103 PBG stellt

---

[38] BGE 109 Ib 118 (Guler c. Klosters GR); BGE in ZBl 83/1982, S. 208 (Blaser und Lüthi c. Staat Zürich); KUTTLER, ZBl 88/1987, S. 198.

[39] Dazu HÄFELIN/MÜLLER, Rz. 1723 ff.; RHINOW/KRÄHENMANN, S. 410; RIVA, S. 182 ff.; WEBER-DÜRLER, S. 296 ff.

[40] Vgl. BGE 106 Ib 336 ff. (Aarberg BE c. Hurni); SCHÜRMANN/HÄNNI, S. 186; GUTZWILLER, S. 127 ff.

[41] BGE 106 Ib 339 (Aarberg BE c. Hurni); PFISTERER, ZBl 89/1988, S. 482, 484.

[42] BGE 96 I 123 ff. (Zwyssig c. Kt. Obwalden); 106 Ib 339 (Aarberg BE c. Hurni); Verwaltungsgericht Zürich, ZBl 89/1988, S. 255 f. mit Kritik von H.P. MOSER. Vgl. auch RHINOW/KRÄHENMANN, S. 413.

[43] SchK I, 28. April 1987, S. 10 f. (Stadt Zürich); HALLER/KARLEN, N 483; VOLLENWEIDER, ZBGR 1980, S. 223; DILGER, § 19 N 55; P. MÜLLER, S. 36; KLAMETH, S. 10.

§ 9 Das Heimschlagsrecht bei Baulinien

einzig darauf ab, ob ein Grundstück oder ein selbständig überbaubarer Grundstücksteil wegen eines baulinienbedingten Bauverbotes unüberbaubar wird, ohne danach zu fragen, ob eine Überbauung in *naher Zukunft* auch hätte realisiert werden können. Dieses Erfordernis der materiellen Enteignung – eine mögliche bessere Nutzung lasse sich in naher Zukunft mit hoher Wahrscheinlichkeit verwirklichen – kann bei einer Baulinienziehung fehlen, da das mit Baulinien zu sichernde Werk häufig erst die Erschliessung des Gebietes ermöglicht[44]. Im weiteren erfordert der Tatbestand der materiellen Enteignung, dass die Beschränkung des bisherigen oder künftigen Gebrauchs einer Sache *besonders schwer* wiegt. Ein besonders schwerer Eingriff in die Eigentumsbefugnisse des Grundeigentümers liegt vor, wenn die Voraussetzungen zur Geltendmachung des Heimschlagsrechts i.S.v. § 103 Abs. 1 PBG erfüllt sind[45]. Dieses Heimschlagsrecht kann nur geltend gemacht werden, wenn ein Grundstück, welches nicht oder nur mit einem Abbruchobjekt überbaut ist, wegen einer Baulinie unüberbaubar wird und somit auf dem Land keine angemessene und planerisch sinnvolle Überbauung mehr realisiert werden kann. Ebenfalls um einen besonders schweren Eingriff in das Eigentum handelt es sich, wenn die Voraussetzungen zum Heimschlag nach § 103 Abs. 2 PBG erfüllt sind, das heisst wenn ein nicht oder nur mit einem Abbruchobjekt überstellter selbständig überbaubarer Teil eines grösseren Grundstücks wegen einer Baulinie unüberbaubar wird. Zwar ist nach der bundesgerichtlichen Rechtsprechung die Frage, ob ein Bauverbot, welches nur einen Teil eines Grundstücks trifft, eine materielle Enteignung bewirkt, aufgrund der Auswirkungen des Verbotes auf das ganze betroffene Grundstück zu beurteilen. Bleibt auf dem nicht belasteten Grundstücksteil eine angemessene, wirtschaftlich sinnvolle Nutzung weiterhin möglich, so liegt keine materielle Enteignung vor. Besondere Umstände bleiben indessen vorbehalten[46]. Derartige Umstände liegen vor, wenn der mit dem Bauverbot belegte Grundstücksteil selbständig verwertbar gewesen wäre. In diesem Fall ist die Frage, ob das Bauverbot eine materielle Enteignung bewirkt, allein aufgrund dessen Auswirkungen auf den selbständig überbaubaren Grundstücksteil zu prüfen[47].

---

[44] SchK I, 28. April 1987, S. 11 (Stadt Zürich).
[45] SchK I, 28. April 1987, S. 10 f. (Stadt Zürich).
[46] BGE in ZBl 85/1984, S. 367 E. 2a m.w.H. (Felaria SA c. Celerina GR); RIVA, S. 268 f.
[47] ZIMMERLI, S. 147 ff.; RIVA, S. 269.

c) Alternatives Heimschlagsrecht

Gemäss § 103 Abs. 1 PBG kann der Grundeigentümer das Heimschlagsrecht bei Baulinien bloss *wahlweise* zu einem allfälligen Entschädigungsanspruch aus materieller Enteignung geltend machen. Hierbei handelt es sich um ein *alternatives Heimschlagsrecht*[48]. Der Grundeigentümer hat, wenn die Belastung eines Grundstücks durch Baulinien zu einer materiellen Enteignung führt, die Wahl, ob er Entschädigung aus materieller Enteignung oder die Übernahme seines Grundstücks fordern will[49]. Er muss sich aber für den einen oder andern Anspruch entscheiden. Fordert der Eigentümer Entschädigung wegen materieller Enteignung, so kann er nach Abschluss des betreffenden Entschädigungsverfahrens[50] das Heimschlagsrecht nicht mehr ausüben, da es durch die Geltendmachung einer Entschädigung aus materieller Enteignung untergegangen ist.

III. Geschichtlicher Rückblick

Strassen- und Baulinien zählen zu dem im kantonalen Recht seit jeher bekannten unentbehrlichen Instrumentarium zur Sicherstellung der geordneten baulichen Entwicklung[51]. So kannte schon das zürcherische Baugesetz für Ortschaften mit städtischen Verhältnissen vom 23. April 1893 das Institut der Baulinie[52], ebenso sein Vorläufer, die Bauordnung für die Städte Zürich und Winterthur und für städtische Verhältnisse überhaupt vom 30. Brachmonat 1863.

Das Bundesgericht hatte sich denn auch bereits in seiner frühesten Rechtsprechung wiederholt mit den Eigentumsbeschränkungen zu befassen, die sich aus der Festlegung solcher Linien ergeben. Es hielt dabei fest, dass die

---

[48] P. MÜLLER, S. 36; DILGER, § 19 N 55; VOLLENWEIDER, ZBGR 1980, S. 223; KLAMETH, S. 10.
[49] RB 1980 Nr. 147.
[50] Während des Entschädigungsverfahrens kann der Eigentümer allerdings auf seinen Entscheid zurückkommen und anstelle einer Entschädigung wegen materieller Enteignung den Heimschlag verlangen. Eine solche Änderung der Rechtsbegehren müsste (nach der geltenden Verfahrensordnung) bis und mit Klageantwort im Klageverfahren vor Verwaltungsgericht zulässig sein. Vgl. zur Neuordnung des Verfahrens hinten S. 125.
[51] BGE 109 Ib 117 (Guler c. Klosters GR).
[52] Vgl. §§ 9 ff. BauG von 1893.

§ 9 Das Heimschlagsrecht bei Baulinien 75

Belastung eines Grundstücks mit Baulinien entschädigungslos hinzunehmen sei, sofern derartige Eigentumsbeschränkungen auf einer einwandfreien gesetzlichen Grundlage beruhen. Eine Entschädigung sei nur zu leisten, wenn das Gesetz selber eine Entschädigungspflicht begründe[53].

Eine solche Entschädigungspflicht begründete das zürcherische Baugesetz von 1893, indem es, um eine allzu grosse Schädigung einzelner Grundeigentümer infolge Baulinienziehung zu verhindern[54], diesen in zwei Fällen ein Heimschlagsrecht einräumte[55]. Voraussetzung zur Geltendmachung dieser beiden Heimschlagsrechte bildete dabei, dass mittels Baulinien Land für den Bau von Strassen, Plätzen oder Anlagen gesichert wurde. Führte die Gemeinde die entsprechenden Bauten nicht innert einer bestimmten Frist aus, stand dem Grundeigentümer, der infolge der Baulinienziehung sein Grundstück nicht mehr überbauen konnte, das Recht zu, von der Gemeinde die Übernahme seines Grundstücks zu verlangen.

§ 29 BauG von 1893 lautete:

«Die Gemeinde ist bezüglich des Zeitpunktes, in welchem sie eine Strasse auf Grund des Bebauungsplanes ausführen oder abändern oder eine Bau- oder Niveaulinie durchführen will, an keine Frist gebunden.
Wenn indessen die betreffende Strasse innerhalb fünf Jahren, von der Bekanntmachung der Baulinie an gerechnet (...), nicht durchgeführt wird, so hat der Eigentümer eines Grundstücks, welches entweder ganz zwischen die Baulinien fällt oder durch dieselben so durchschnitten wird, dass eine Bebauung der frei bleibenden Abschnitte nicht möglich ist, das Recht, dasselbe der Gemeinde heimzuschlagen (...). Diese Berechtigung besteht jedoch nur so lange, als sich das Grundstück ungeteilt im Eigentum desjenigen oder im Eigentum der Erben desjenigen befindet, welcher zur Zeit der Aufstellung der Bau- und Niveaulinien durch den Gemeinderat Eigentümer der Liegenschaft war.»

§ 30 BauG bestimmte im weiteren:

«Private, welche Grundeigentum zu öffentlichen Strassen, Plätzen, Trottoiren oder Anlagen abtreten müssen, haben Anspruch auf Ersatz aller Vermögensnachteile nach den Bestimmungen des Gesetzes über die Abtretung von Privatrechten.

---

[53] Eine Zusammenfassung der damaligen Praxis findet sich in BGE 109 Ib 117 f. (Guler c. Klosters GR). Vgl. auch PFISTERER, ZBl 89/1988, S. 471; RIVA, S. 25 f.
[54] Vgl. EGGER, S. 59; MAAG/MÜLLER, N 1 und 4 zu § 29; N 4 zu § 30 BauG.
[55] § 29 Abs. 2 und § 30 Abs. 2 BauG. Vgl. zu § 29 Abs. 2 BauG BGE in ZBl 83/1982, S. 207 ff. (Blaser und Lüthi c. Staat Zürich).

Wo öffentliche Plätze oder Anlagen später als die Strassen zur Ausführung kommen sollen, hat die Gemeinde nach Wahl der abtretungspflichtigen Grundeigentümer entweder das erforderliche Land gleichzeitig mit demjenigen für die Strasse zu erwerben oder die Eigentümer für den Entzug der Baufreiheit, welcher im Grundprotokoll vorgemerkt werden soll, zu entschädigen.»

Der Gesetzgeber erkannte demnach schon sehr früh, dass die Belastung eines Grundstücks mit Baulinien den Grundeigentümer schwer schädigen kann, so schwer, dass es ihm nicht zugemutet werden darf, diese Eigentumsbeschränkung entschädigungslos hinzunehmen. Neben dem Kanton Zürich sahen denn auch andere Kantone Heimschlagsrechte im Zusammenhang mit Baulinien vor, so etwa der Kanton Bern[56], der Kanton Solothurn[57] sowie der Kanton Aargau[58, 59]. Die aargauische Regelung wies nahezu die selbe Formulierung wie § 29 Abs. 2 des zürcherischen Baugesetzes auf. Danach war der Eigentümer eines Grundstücks, das entweder ganz zwischen die Baulinien fiel oder durch diese so durchschnitten wurde, dass eine Überbauung der freibleibenden Abschnitte nicht mehr möglich war, berechtigt, die Übernahme des ganzen Grundstücks zu verlangen.

IV. Hinweise auf Regelungen anderer Kantone

1. Übersicht

Neben dem Kanton Zürich kennen die folgenden Kantone ein Heimschlagsrecht bei Baulinien:

- *Appenzell Innerrhoden:* Art. 46 Abs. 2 BauG;
- *Basel-Landschaft:* § 89 BauG[60];

---

[56] § 13 Abs. 2 Ziff. 2 und 3 Alignementsgesetz vom 15. Juli 1894 (Amtliche Sammlung der Gesetze, Dekrete und Verordnungen des Kantons Bern, Bd. 1, S. 668 ff.).

[57] § 18 Abs. 2 des Gesetzes über das Bauwesen vom 10. Juni 1906 (Amtliche Sammlung der Gesetze und Verordnungen des Kantons Solothurn, Bd. 64, S. 72 ff.).

[58] § 114 Abs. 2 EG zum ZGB vom 27. März 1911 (Aargauische Gesetzessammlung von 1960, Bd. 1, S. 603 ff.); aufgehoben durch § 225 Abs. 1 lit. c Baugesetz vom 2. Februar 1971.

[59] Vgl. für weitere Hinweise auf ältere kantonale Bestimmungen KUTTLER, Ortsplanung, S. 192 Anm. 45.

[60] Dazu Enteignungsgericht Basel-Landschaft, BJM 1986, S. 162 ff. und S. 166 f.; GUTZWILLER, S. 103 ff., sowie hinten S. 78. – Nach § 81 des Entwurfs zum neuen Raumplanungs- und Baugesetz des Kantons Basel-Landschaft kann das Heimschlagsrecht stets ausgeübt werden, wenn die Eigentumsbeschränkung einer Enteignung gleichkommt und

§ 9 Das Heimschlagsrecht bei Baulinien

- *Genf:* Art. 13 Abs. 1 LExt;
- *Glarus:* Art. 64 StrG;
- *Luzern:* § 105 PBG i.V.m. § 73 StrG[61];
- *Nidwalden:* Art. 122 BauG;
- *Schaffhausen:* Art. 13 Abs. 1 BauG;
- *Schwyz:* § 34 Abs. 2 i.V.m. § 33 Abs. 1 PBG;
- *Solothurn:* § 41 Abs. 2 PBG;
- *Wallis:* Art. 31 Abs. 1 Ziff. 1 BauG[62];
- *Zug:* § 30 BauG und § 5 StrG (Änderung)[63].

2. Vergleich mit dem Kanton Zürich

a) Im Unterschied zu Zürich kann in mehreren Kantonen das Heimschlagsrecht erst nach Ablauf einer gewissen *Frist* ausgeübt werden (Glarus, Luzern, Nidwalden, Solothurn und Zug). Des weiteren sehen die Kantone Glarus, Luzern und Nidwalden vor, dass neben unüberbauten auch *überbaute* Grundstücke heimgeschlagen werden können[64]. So bestimmt Art. 122 Baugesetz des Kantons Nidwalden:

> «Wird ein unüberbautes Grundstück von Baulinien so zerschnitten, dass auf keinem der frei bleibenden Abschnitte eine ordentliche Baute erstellt werden kann, oder fällt der grössere Teil eines Grundstücks zwischen die Baulinien, kann der Eigentümer *frühestens zwei Jahre* nach dem Inkrafttreten der Baulinien verlangen, dass die Gemeinde das ganze Grundstück zum Verkehrswert ohne Berücksichtigung der Baulinien übernimmt.
> Bei *überbauten* Grundstücken tritt unter den gleichen Voraussetzungen die Übernahmepflicht nach fünf Jahren ein.»[65]

---

diese für den Eigentümer unzumutbar ist. Unzumutbarkeit wird dabei in jedem Fall angenommen, wenn die für die materielle Enteignung zu leistende Entschädigung mehr als zwei Drittel des Verkehrswertes des ursprünglichen, ungeschmälerten Rechts ausmacht.

[61] Dazu BGE in ZBl 87/1986, S. 450 ff. (Stadt Luzern).
[62] Vgl. ZWR 1968, S. 105.
[63] Dazu ZGGVP 1985/86, S. 42 ff.; 1979/80, S. 44 ff.
[64] Vgl. zur zürcherischen Regelung vorne S. 69.
[65] Hervorhebungen durch den Verfasser. – Eine nahezu gleichlautende Formulierung, allerdings mit längeren Fristen, weisen die Bestimmungen der Kantone Glarus und Luzern auf.

b) Hat die Belastung eines Grundstücks mit Baulinien eine materielle Enteignung zur Folge, so steht dem Grundeigentümer anstelle der Ausübung des Heimschlagsrechts immer die Möglichkeit offen, *Entschädigung aus materieller Enteignung* zu verlangen[66]. Neben Zürich weist noch Appenzell Innerrhoden ausdrücklich auf diese Möglichkeit hin.

3. Die Regelung des Kantons Basel-Landschaft im besonderen

§ 89 Abs. 1 des basellandschaftlichen Baugesetzes sieht vor, dass der Grundeigentümer die Übernahme des ganzen Grundstücks durch den Kanton beziehungsweise die Gemeinde verlangen kann, wenn es von einer Baulinie oder einer geplanten Strasse derart durchschnitten wird, dass es sich auch nach einer allfälligen Umlegung nicht mehr zur zonenmässigen Überbauung eignet. Das Enteignungsgericht Basel-Landschaft vertritt die Ansicht, dass die Geltendmachung des Heimschlagsrechts das *Vorliegen einer materiellen Enteignung* voraussetzt und dass der Heimschlag eines durch Bau- und Strassenlinien unüberbaubar gemachten Grundstücks Ausfluss der dadurch bewirkten materiellen Enteignung ist[67]. Dieser Auffassung kann indessen nicht gefolgt werden.

Entgegen der Meinung des Enteignungsgerichts ist beim Heimschlag nicht das Vorliegen einer materiellen Enteignung zu prüfen, sondern ob die in § 89 Abs. 1 BauG umschriebenen Tatbestandselemente erfüllt sind. Dabei kann in den Voraussetzungen für die Geltendmachung des Heimschlagsrechts eine materielle Enteignung liegen, doch ist dies nicht zwingend. § 89 Abs. 1 BauG verlangt, dass ein Grundstück von einer Baulinie oder einer geplanten Strasse derart durchschnitten wird, dass es sich auch nach einer allfälligen Umlegung nicht mehr zur zonenmässigen Überbauung eignet. Darin liegt zwar ein schwerer Eingriff in die Eigentumsbefugnisse des Grundeigentümers, im Unterschied zum Tatbestand der materiellen Enteignung setzt das Heimschlagsrecht jedoch nicht voraus, dass auf dem Grundstück *in naher Zukunft* auch tatsächlich eine Überbauung hätte realisiert werden können[68].

---

[66] Dazu vorne S. 33 f.
[67] BJM 1986, S. 162 ff.
[68] Vgl. zu den entsprechenden Überlegungen für das zürcherische Recht vorne S. 72 f.

§ 10 Das Heimschlagsrecht bei Werkplänen

I. Der Werkplan

1. Funktion des Werkplans

Der mit dem Planungs- und Baugesetz von 1975 eingeführte Werkplan dient der *Sicherung von Land*, welches nach einem Richtplan[1] als Standort für ein Werk oder eine Anlage im öffentlichen Interesse vorgesehen ist, das aber nicht durch Baulinien gesichert werden kann[2]. Der Werkplan hat über den ungefähren Standort der Bauten und den genauen Landbedarf Aufschluss zu geben[3]. Beim Werkplan handelt es sich um einen *Sondernutzungsplan*, der über eine bestehende Zone gelegt wird[4]. Im Unterschied zu anderen Kantonen, die für die Sicherung des künftigen Landbedarfs öffentlicher Werke die Zone für öffentliche Bauten und Anlagen einsetzen[5], sieht das zürcherische Recht für diesen Zweck also keine eigene Zonenart vor. Das PBG kennt zwar ebenfalls eine Zone für öffentliche Bauten[6]. Diese kann indessen nicht dazu verwendet werden, den künftigen Landbedarf der öffentlichen Hand zu sichern[7].

---

[1] Verkehrsplan, Versorgungsplan, Plan der öffentlichen Bauten und Anlagen (vgl. §§ 24 – 26 PBG).

[2] Vgl. § 114 Abs. 1 PBG. DILGER, § 11 N 69; HALLER/KARLEN, N 360; VOLLENWEIDER, ZBGR 1980, S. 212. – Im Enteignungsrecht des Bundes bildet der Werkplan Bestandteil der enteignungsrechtlichen Planauflage im Sinne der Art. 27 – 44 EntG. Dazu HESS/WEIBEL, Art. 27 EntG N 9 ff.

[3] § 114 Abs. 3 PBG.

[4] Vgl. etwa BGE 118 Ib 503 ff. (Thalwil ZH) betr. Festsetzung eines Werkplans für ein Strandbad und einen Seeuferweg in der Freihaltezone.

[5] Vgl. z.B. **AR:** Art. 32 EG zum RPG; **AI:** Art. 21 BauG; **BE:** Art. 77 BauG; **FR:** Art. 51 RPBG; **GR:** Art. 27 KRG; **JU:** Art. 53 LCAT; **LU:** § 51 PBG; **NE:** Art. 49 LCAT; **NW:** Art. 67 BauG; **OW:** Art. 13 Abs. 1 BauG; **SG:** Art. 18 BauG; **SH:** Art. 6 BauG; **SZ:** § 10 Abs. 1 lit. b, § 18 Abs. 2 lit. e PBG; **SO:** § 34 PBG; **ZG:** § 22 BauG.

[6] § 60 PBG.

[7] WOLF/KULL, N 27. Im Rahmen der Revision des PBG vom 1. September 1991 wurde zwar der Antrag gestellt, die Zone für öffentliche Bauten sei inskünftig auch zur Landsicherung einzusetzen. Dabei sollte dem Gemeinwesen ein gesetzliches Vorkaufsrecht und den Grundeigentümern wie bei den Freihaltezonen das Heimschlagsrecht eingeräumt werden. Der Kantonsrat lehnte dieses Begehren jedoch ab; Protokoll des Kantonsrates 1987 – 1991, S. 13342 ff.

2. Rechtswirkungen des Werkplans

Die Wirkungen des Werkplans entsprechen weitgehend denjenigen der Baulinien[8]. So werden die vom Werkplan erfassten Landflächen mit einem Verbot der Errichtung von Bauten, die privaten Zwecken dienen, belegt[9]. Für bestehende Bauten und Anlagen im Werkplanbereich gilt ein Änderungsverbot[10]. Dem Werkträger wird mit der Genehmigung des Werkplans das Enteignungsrecht sowie ein gesetzliches Vorkaufsrecht eingeräumt[11]. Dem Grundeigentümer steht das Heimschlagsrecht zu[12].

3. Verfahren für die Festsetzung von Werkplänen

Der Werkplan kann jederzeit vom Werkträger erstellt werden[13]. Bei Ungewissheit über die Trägerschaft wird er vom Ersteller des betreffenden Richtplans festgesetzt[14]. Als Werkträger kommen das Gemeinwesen, aber auch Körperschaften, Stiftungen und selbständige Anstalten des öffentlichen und privaten Rechts in Frage, so zum Beispiel Elektrizitätswerke oder Unternehmen der Wasserversorgung[15]. Der Grundeigentümer kann die Festsetzung des Werkplans ebenfalls verlangen. Diesem Begehren ist innert fünf Jahren zu entsprechen[16]. Werkpläne, die nicht von staatlichen Instanzen erstellt worden sind, bedürfen der Genehmigung[17]. Festsetzung und Genehmigung sind den betroffenen Grundeigentümern schriftlich mitzuteilen[18]. Gegenüber der Festsetzung von Werkplänen besteht ein Anspruch auf richterliche Überprüfung nach Art. 6 Ziff. 1 EMRK, da diese Pläne dem Werkträger das Enteignungsrecht erteilen[19].

---

[8] DILGER, § 11 N 70; HALLER/KARLEN, N 360.
[9] DILGER, § 11 N 70.
[10] § 117 i.V.m. § 101 PBG.
[11] §§ 116 und 118 PBG.
[12] § 119 PBG.
[13] § 114 Abs. 2 PBG.
[14] § 115 Abs. 1 PBG.
[15] DILGER, § 11 N 71, § 7 N 17.
[16] § 114 Abs. 1 PBG.
[17] § 115 Abs. 2 PBG. Vgl. zur Zuständigkeit § 2 PBG.
[18] § 115 Abs. 3 PBG.
[19] BGE 120 Ia 19 ff. (Fischenthal ZH).

II. Das Heimschlagsrecht

1. Gesetzliche Regelung

Unter der Marginalie «Heimschlagsrecht» bestimmt das Planungs- und Baugesetz in § 119 folgendes:

> «Der betroffene Eigentümer hat nach Genehmigung des Werkplans wahlweise zu einem allfälligen Entschädigungsanspruch das Recht, sein Grundstück dem Ersteller des Werkplans heimzuschlagen.
> Für die Entschädigung, das Verfahren und den Verzicht auf die Rechtsausübung gelten sinngemäss die entsprechenden Bestimmungen über die Freihaltezone.
> Im Verhältnis zwischen dem Ersteller des Werkplans und dem endgültigen Werkträger findet die gleiche Regelung wie beim Vorkaufsrecht Anwendung.»

Dieses Heimschlagsrecht ermöglicht es dem von einem Werkplan betroffenen Eigentümer, den Zeitpunkt der Übernahme seines Grundstücks durch den Werkträger selber zu bestimmen. Er ist damit nicht gezwungen, sein belastetes Grundstück zu behalten, bis der Werkträger sein Enteignungsrecht[20] ausübt. Für den Werkträger wiederum bedeutet dieses Heimschlagsrecht keine unzumutbare Belastung, da er das vom Werkplan erfasste Grundstück ohnehin erwerben muss[21].

2. Verhältnis des Heimschlagsrechts zur materiellen Enteignung
a) Festsetzung eines Werkplans als möglicher enteignungsähnlicher Tatbestand

Werkpläne sind Sondernutzungspläne im Sinne des Raumplanungsrechts. Art. 5 Abs. 2 RPG ist daher anwendbar, falls diese Pläne zu Eigentumsbeschränkungen führen, die einer Enteignung gleichkommen. Die Frage, ob die Festsetzung eines Werkplans für das davon betroffene Gebiet eine materielle Enteignung bewirkt hat, ist anhand der bundesgerichtlichen Rechtsprechung zu diesem Begriff zu beurteilen. Das Vorliegen einer materiellen Enteignung ist zu bejahen, wenn *Bauland im enteignungsrechtlichen Sinn*, das heisst Land, das in naher Zukunft hätte überbaut werden können[22], mit einem

---

[20] Vgl. § 116 PBG.
[21] Votum von Kommissionspräsident HONEGGER, Protokoll des Kantonsrates 1971 – 1975, S. 9261.
[22] Vgl. dazu BGE 112 Ib 492 E. 7 (Erbengemeinschaft Benoit c. Biel BE).

Werkplan belegt wird, da der vom Werkplan erfasste Grund und Boden der privaten baulichen Nutzung entzogen wird[23, 24].

b) Vom Vorliegen einer materiellen Enteignung unabhängiges Heimschlagsrecht

Nach dem Wortlaut von § 119 Abs. 1 PBG hat der von einem Werkplan betroffene Eigentümer wahlweise zu einem *allfälligen* Entschädigungsanspruch aus materieller Enteignung das Recht, sein Grundstück dem Ersteller des Werkplans heimzuschlagen. Lehre und Rechtsprechung gehen deshalb davon aus, dass dieses Heimschlagsrecht *unabhängig vom Vorliegen einer materiellen Enteignung* ausgeübt werden kann[25].

Das Heimschlagsrecht des Grundeigentümers hängt folglich allein davon ab, ob sein Grundstück mit einem Werkplan belegt wird. Dennoch darf die Frage, ob die Festsetzung eines Werkplans eine materielle Enteignung bewirkt hat, nicht offen bleiben, da von der Beantwortung dieser Frage die Bemessung der Heimschlagsentschädigung abhängt[26].

c) Alternatives Heimschlagsrecht

Gemäss § 119 Abs. 1 PBG steht dem Eigentümer bei Werkplänen das Heimschlagsrecht *wahlweise* zu einem allfälligen Entschädigungsanspruch zu. Dies bedeutet, dass der Eigentümer die Wahl zwischen einer Entschädigung aus

---

[23] Vgl. BGE in ZBl 94/1993, S. 251 ff., 264 f. (Allmendkorporation Horgen) betr. Festsetzung eines kantonalen Werkplans für eine Kantonsschule Horgen; RB 1990 Nr. 106 nicht publ. E. 5 (Allmendkorporation Horgen).

[24] Ebenso stellt die Zuweisung eines Grundstücks in eine *Zone für öffentliche Bauten und Anlagen* eine materielle Enteignung dar, sofern es sich um Bauland im enteignungsrechtlichen Sinn handelt. Vgl. BGE 114 Ib 292 f. (Pagano. c. Einwohnergemeinde Bern); 114 Ib 177 f. E. 3b (Erbengemeinschaft J. c. Stadt Schaffhausen); 114 Ib 117 ff. E. 3 – 5 (X. c. Trimmis GR); 112 Ib 509 (Locarno TI c. Balli); 112 Ib 485 ff. (Erbengemeinschaft Benoit c. Biel BE); 109 Ib 262 E. 2a = Pra. 72/1983 Nr. 267 (Stornetta c. S. Antonino TI); 108 Ib 337 f. E. 4a (Sarnen OW c. Abegg). Vgl. auch WOLF, S. 10.

[25] RB 1990 Nr. 106 nicht publ. E. 4 (Allmendkorporation Horgen); HALLER/KARLEN, N 483; VOLLENWEIDER, ZBGR 1980, S. 223; DILGER, § 19 N 55; P. MÜLLER, S. 36; KLAMETH, S. 10. – In den Kantonen, die im Zusammenhang mit Zonen für öffentliche Bauten und Anlagen ein Heimschlagsrecht vorsehen, ist das Vorliegen einer materiellen Enteignung für die Ausübung des Heimschlags in der Regel ebenfalls keine Voraussetzung. Vgl. dazu hinten S. 86.

[26] RB 1990 Nr. 106 nicht publ. E. 4 (Allmendkorporation Horgen). Dazu hinten S. 112 ff.

materieller Enteignung und dem Heimschlag hat, sofern die Festsetzung eines Werkplans für das davon betroffene Gebiet eine materielle Enteignung bewirkt. Der Grundeigentümer kann aber nur einen dieser beiden Ansprüche geltend machen. Durch die Geltendmachung einer Entschädigung aus materieller Enteignung geht das Recht, den Heimschlag zu verlangen, unter[27]. Wie bei den Baulinien handelt es sich hierbei um ein *alternatives Heimschlagsrecht*[28].

3. Umfang des Heimschlagsrechts

Der von einem Werkplan betroffene Eigentümer hat gemäss § 119 Abs. 1 PBG das Recht, sein Grundstück dem Ersteller des Werkplans heimzuschlagen. Heimschlagbar ist die *Werkplanfläche*. Wird von einem Grundstück nur ein Teil mit einem Werkplan belegt[29], so kann – entgegen dem Wortlaut von § 119 Abs. 1 PBG – nur dieser vom Werkplan betroffene Grundstücksteil heimgeschlagen werden und nicht das ganze Grundstück[30]. Das Heimschlagsrecht wird dem Grundeigentümer ja mit der Begründung gewährt, dass der Werkträger das vom Werkplan erfasste Grundstück ohnehin erwerben müsse[31]. Dies bezieht sich aber nur auf die Werkplanfläche. Es stellt sich allerdings die Frage, ob der Grundeigentümer, der mit dem vom Werkplan nicht erfassten Grundstücksteil nichts mehr anzufangen weiss, nicht auch die Übernahme dieser Fläche verlangen kann. Bei den Freihalte- und Erholungszonen sieht § 41 Abs. 2 PBG diese Möglichkeit ausdrücklich vor, indem beiden Parteien, dem Grundeigentümer und dem Gemeinwesen, das Ausdehnungsrecht gemäss § 8 bzw. § 9 AbtrG eingeräumt wird[32]. § 119 Abs. 2

---

[27] Der Eigentümer, welcher Entschädigung wegen materieller Enteignung gefordert hat, kann allerdings während des Entschädigungsverfahrens auf seinen Entscheid zurückkommen und anstelle einer Entschädigung wegen materieller Enteignung den Heimschlag verlangen. Vgl. RB 1990 Nr. 106 nicht publ. E. 7 (Allmendkorporation Horgen). Vgl. auch vorne S. 74 Anm. 50.

[28] P. MÜLLER, S. 36; DILGER, § 19 N 55; VOLLENWEIDER, ZBGR 1980, S. 223; KLAMETH, S. 10.

[29] Vgl. z.B. den Sachverhalt in ZBl 94/1993, S. 251 ff. (Allmendkorporation Horgen).

[30] VOLLENWEIDER, ZBGR 1980, S. 224.

[31] Vgl. vorne S. 81 bei Anm. 21.

[32] Dazu vorne S. 57 f. Vgl. auch § 34 Abs. 2 PBG des Kantons Schwyz, wonach der Eigentümer vom Gemeinwesen die Übernahme des ganzen Grundstücks verlangen kann, wenn die Überbauung des unbelasteten Teils verunmöglicht wird. Art. 64 Abs. 1

PBG verweist nun zwar auf die Bestimmungen über die Freihaltezonen, dieser Verweis bezieht sich aber nur auf die Entschädigung, das Verfahren und den Verzicht auf die Rechtsausübung, mithin auf die §§ 42 und 43 PBG[33], nicht aber auf § 41 Abs. 2 PBG. Eine analoge Anwendung von § 41 Abs. 2 PBG beim Werkplan ist aus der folgenden Überlegung dennoch zu befürworten: § 116 PBG erteilt dem Werkträger mit der Genehmigung des Werkplans das Enteignungsrecht. Im Rahmen des Enteignungsverfahrens kann sowohl der Grundeigentümer als auch der Werkträger das Ausdehnungsrecht nach § 8 bzw. § 9 AbtrG geltend machen. Es spricht nun nichts dagegen, beiden Parteien dieses Recht auch dann zuzugestehen, wenn der Grundeigentümer das Heimschlagsrecht ausübt und das Werkplanareal auf seine Initiative in das Eigentum des Werkträgers übergeht. Dafür spricht ausserdem der Wortlaut von § 119 Abs. 1 PBG, wonach das Grundstück ganz heimschlagen werden kann[34].

4. Übernahme des Grundstücks durch den Werkplanersteller

Das Grundstück ist dem *Ersteller des Werkplans* heimzuschlagen[35]. Festgesetzt wird der Werkplan grundsätzlich vom Werkträger[36]. Diesem hat der Eigentümer in der Folge sein Grundstück heimzuschlagen. Besteht im Zeitpunkt der Werkplanerstellung indessen noch Ungewissheit über die Trägerschaft, so wird der Werkplan vom Ersteller des betreffenden Richtplans festgesetzt[37]. In diesem Fall ist das Grundstück dem Richtplanersteller heimzuschlagen. Je nach Richtplanstufe hat die Übernahme durch den Staat[38] oder eine Gemeinde[39] zu erfolgen. Der Erwerber ist verpflichtet, das Grundstück

---

EG zum RPG des Kantons Appenzell Ausserrhoden sieht ebenfalls vor, dass der Eigentümer von Boden in Zonen für öffentliche Bauten und Anlagen die Übernahme des ganzen Grundstücks verlangen kann, wenn die Voraussetzungen des Ausdehnungsrechts gemäss Art. 5 EntG erfüllt sind.

[33] Vgl. RB 1990 Nr. 106 nicht publ. E. 4a (Allmendkorporation Horgen).

[34] Im Ergebnis gleicher Meinung VOLLENWEIDER, ZBGR 1980, S. 224 f. VOLLENWEIDER ist allerdings der Ansicht, dass sich der Verweis von § 119 Abs. 2 PBG auch auf § 41 PBG bezieht.

[35] § 119 Abs. 1 PBG.

[36] § 115 Abs. 1 Hlbs. 1 PBG.

[37] § 115 Abs. 1 Hlbs. 2 PBG.

[38] Kantonaler und regionaler Richtplan.

[39] Kommunaler Richtplan.

§ 10 Das Heimschlagsrecht bei Werkplänen

dem endgültigen Träger zu den gleichen Bedingungen zuzüglich Zins abzutreten, zu denen er es erworben hat. Der endgültige Werkträger seinerseits ist verpflichtet, das Grundstück zu diesen Bedingungen samt Zins zu übernehmen[40]. Es besteht somit eine Abtretungspflicht des Erwerbers und eine Antretungspflicht des endgültigen Werkträgers[41]. Allfällige Streitigkeiten beurteilt das Verwaltungsgericht im verwaltungsgerichtlichen Klageverfahren[42].

III. Hinweise auf Regelungen anderer Kantone

Im Unterschied zum Kanton Zürich setzen die meisten Kantone für die Sicherung des künftigen Landbedarfs öffentlicher Werke die *Zone für öffentliche Bauten und Anlagen* ein[43]. Folgende Kantone kennen dabei ein Heimschlagsrecht:

- *Appenzell Ausserrhoden:* Art. 64 Abs. 1 EG zum RPG;
- *Appenzell Innerrhoden:* Art. 46 Abs. 1 BauG;
- *Freiburg:* Art. 140 Abs. 2 RPBG;
- *Graubünden:* Art. 27 Abs. 4 KRG[44];
- *Obwalden:* Art. 26 Abs. 2 BauG[45];
- *St. Gallen:* Art. 58 EntG;
- *Schaffhausen:* Art. 6 Abs. 2 BauG[46];
- *Schwyz:* § 34 Abs. 2 i.V.m. § 33 Abs. 1 PBG;
- *Solothurn:* § 34 Abs. 3 i.V.m. § 41 PBG;
- *Zug:* § 22 i.V.m. § 30 BauG[47].

---

[40] § 119 Abs. 3 i.V.m. § 118 Abs. 3 PBG.
[41] VOLLENWEIDER, ZBGR 1980, S. 220.
[42] § 81 lit. c VRG.
[43] Vgl. vorne S. 79.
[44] Dazu PVG 1993 Nr. 52, sowie Anm. 48.
[45] Dazu BGE 108 Ib 334 ff. (Sarnen OW c. Abegg); Verwaltungsgericht Obwalden, VVGE 1985/86 Nr. 63.
[46] Dazu BGE 98 Ia 293 ff. (Pfister c. Thayngen SH); 114 Ib 174 ff. (Erbengemeinschaft J. c. Stadt Schaffhausen). – Im Entscheid Erbengemeinschaft J. hob das Bundesgericht die langjährige Praxis des Schaffhauser Obergerichts auf, welches die Meinung vertrat, der Heimschlag i.S.v. Art. 6 Abs. 2 BauG unterstehe ausschliesslich den für die formelle Enteignung geltenden Entschädigungsvorschriften, unabhängig davon, ob die Zuweisung des Grundstücks zur Zone für öffentliche Bauten und Anlagen eine materielle Enteignung bewirkt hat oder nicht (vgl. dazu ABSH 1981, S. 107 ff.).
[47] Dazu ZGGVP 1985/86, S. 42 ff.

Mit Ausnahme von Appenzell Innerrhoden und Obwalden, wo das Heimschlagsrecht nur geltend gemacht werden kann, wenn die Zuweisung des Grundstücks in die Zone für öffentliche Bauten und Anlagen eine materielle Enteignung zur Folge hat, bildet in allen anderen Kantonen das Vorliegen einer materiellen Enteignung für die Ausübung des Heimschlagsrechts keine Voraussetzung[48].

In den meisten Kantonen kann der Grundeigentümer unmittelbar nach der Genehmigung des Zonenplans die Übernahme seines der Zone für öffentliche Bauten und Anlagen zugewiesenen Grundstücks verlangen. In den Kantonen Freiburg, Solothurn und Zug wird den Grundeigentümern dieses Recht hingegen erst nach Ablauf einer gewissen Zeit zugestanden: in Zug nach zwei Jahren seit Inkrafttreten des Zonenplans, in Freiburg und Solothurn nach zehn Jahren.

---

[48] Vgl. für *Schaffhausen:* BGE 114 Ib 177 (Erbengemeinschaft J. c. Stadt Schaffhausen); für *St. Gallen:* HEER, S. 100 f.; für *Zug:* ZGGVP 1985/86, S. 45 f. – Das Verwaltungsgericht des Kantons *Graubünden* vertritt in PVG 1978 Nr. 54 hingegen die Meinung, dass das Heimschlagsrecht des bündnerischen Rechts Folge einer materiellen Enteignung sei. Wörtlich führt das Verwaltungsgericht aus: «Diese Bestimmung [Art. 27 Abs. 4 KRG] ... sieht lediglich die Möglichkeit vor, als Folge eines enteignungsähnlichen Eingriffs entwerteten Boden gegen Entschädigung des vollen Verkehrswerts auf die Gemeinde zu übertragen.» Zu dieser Beurteilung gelangt das Verwaltungsgericht, da seiner Ansicht nach die Schaffung einer Zone für öffentliche Bauten und Anlagen stets eine materielle Enteignung begründet. Das Bundesgericht hat im Jahre 1986 allerdings klargestellt, dass dies nur dann der Fall ist, wenn Bauland im enteignungsrechtlichen Sinn einer Zone für öffentliche Bauten und Anlagen zugewiesen wird (BGE 112 Ib 492 E. 7, Erbengemeinschaft Benoit c. Biel BE). Das Heimschlagsrecht gemäss § 27 Abs. 4 KRG ist daher nicht Folge einer materiellen Enteignung, sondern es kann stets bei der Zuweisung von Land in eine Zone für öffentliche Bauten und Anlagen ausgeübt werden, unabhängig davon, ob diese Planungsmassnahme eine materielle Enteignung bewirkt oder nicht.

§ 11 Das Heimschlagsrecht bei Natur- und Heimatschutzmassnahmen

I. Die Natur- und Heimatschutzbestimmungen des zürcherischen Rechts

Wegen des engen Zusammenhangs mit dem Planungs- und Baurecht wird im Kanton Zürich der Natur- und Heimatschutz im PBG geregelt, und zwar in den §§ 203 – 217 des III. Titels. Die *Schutzobjekte* des Natur- und Heimatschutzes werden in § 203 PBG umschrieben. Über diese erstellen die zuständigen Behörden Inventare[1]. Zweck dieser Inventare ist es, den gesamten Bestand der vorhandenen und des Schutzes fähigen Objekte zu erfassen[2]. Diese Inventare stellen indessen keine Schutzmassnahmen im Sinne des Natur- und Heimatschutzrechts dar[3]. Erst die Eröffnung des Inventars, das heisst die schriftliche Mitteilung an den Eigentümer, dass sein Grundstück in ein Inventar aufgenommen worden ist, löst eine vorsorgliche Schutzmassnahme aus[4]. Ohne Bewilligung der anordnenden Behörde darf der Eigentümer keine tatsächlichen Veränderungen mehr am Schutzobjekt vornehmen. Wird nicht innert Jahresfrist seit der schriftlichen Mitteilung eine dauernde Schutzmassnahme angeordnet, fällt das Veränderungsverbot dahin.

Für den *dauernden Schutz* von Natur- und Heimatschutzobjekten sieht das PBG in § 205 vier Arten von Schutzmassnahmen vor: Massnahmen des Planungsrechts, Verordnung, Verfügung und Vertrag. Diese Massnahmen fallen in den Sachbereich von Art. 17 RPG[5]. Schutzobjekte sind in erster Linie durch Massnahmen des Planungsrechts zu schützen, beispielsweise durch die Festsetzung von Freihalte- oder Kernzonen[6]. Verordnungen und Verfügungen sind dann zu erlassen, wenn der Schutz der Objekte mittels

---

[1] § 203 Abs. 2 PBG.
[2] RB 1990 Nr. 72 = ZBl 92/1991, S. 414.
[3] IMHOLZ, S. 39; HESS, S. 156.
[4] § 209 PBG. Vorsorgliche Schutzmassnahmen können gemäss § 210 PBG auch ohne Inventarisierung angeordnet werden.
[5] Vgl. BGE 111 Ib 260 f. (Neeff und Heusler c. Kt. Basel-Stadt); VGr, BEZ 1995 Nr. 11 E. 3; ERLÄUTERUNGEN ZUM RPG, Art. 17 N 30.
[6] Vgl. §§ 39 Abs. 1, 61 Abs. 2 sowie § 50 Abs. 1 PBG. Dazu HALLER/KARLEN, N 404; HESS, S. 190 ff. Vgl. auch §§ 14, 20 und 24 NHV.

planungsrechtlicher Massnahmen und der Bauvorschriften nicht genügend sichergestellt werden kann oder die Anordnung der Pflege, des Unterhalts oder der Restaurierung notwendig ist[7]. Übersteigen solche Anordnungen in unzumutbarer Weise die allgemeine Pflicht des Eigentümers, sein Grundstück zu unterhalten, hat das anordnende Gemeinwesen die Betreuung des Objektes und somit die Kosten zu übernehmen[8]. Sind die Voraussetzungen von § 212 PBG erfüllt, kann das Gemeinwesen die Übernahme der von ihm zu betreuenden Schutzobjekte zu Eigentum verlangen[9].

II. Das Heimschlagsrecht

Im Natur- und Heimatschutzrecht sieht das PBG unter der Überschrift «Ansprüche des Grundeigentümers» in § 214 das folgende Heimschlagsrecht zugunsten der privaten Schutzobjekteigentümer vor[10]:

> «Bewirkt die Schutzmassnahme eine materielle Enteignung, steht dem Betroffenen neben einem allfälligen Entschädigungsanspruch das Heimschlagsrecht zu.
> Hinsichtlich Inhalt und Verfahren gelten hierfür die Bestimmungen über die Freihaltezone.»

1. Vom Vorliegen einer materiellen Enteignung abhängiges Heimschlagsrecht

Wie der Wortlaut von § 214 PBG, insbesondere der erste Halbsatz von Abs. 1, klar zeigt, kann das Heimschlagsrecht nur bei *Vorliegen einer mate-*

---

[7] Vgl. § 9 Abs. 1 NHV; IMHOLZ, S. 41.

[8] § 207 Abs. 2 PBG; IMHOLZ, S. 41; VGr, BEZ 1995 Nr. 11 E. 6.

[9] Dazu HALLER/KARLEN, N 407; HESS, S. 218 ff.; VOLLENWEIDER, ZBGR 1980, S. 222.
– Im Gegensatz zum Zugrecht gemäss § 43a PBG hat dieser Übernahmeanspruch des Gemeinwesens bis anhin keinerlei praktische Bedeutung erlangt.

[10] Durch die ausdrückliche Gewährung eines Heimschlagsrechts im Zusammenhang mit Schutzmassnahmen des Natur- und Heimatschutzes wurde die vor dem Erlass des PBG verschiedentlich aufgeworfene Frage nach der Zulässigkeit einer analogen Anwendung des Ausdehnungsrechts der formellen Enteignung (§ 8 Abs. 2 AbtrG) für den Bereich des Natur- und Heimatschutzes gegenstandslos. Vgl. dazu einen Entscheid des BGr vom 22. Februar 1967 betr. den Schutz des Landschaftsbildes beim Wehrmännerdenkmal Forch, BGE 93 I 130 ff., 153 E. 9b (Erben Schulthess und Erben Bäggli c. Kt. Zürich), sowie einen Entscheid der SchK III vom 22. April 1969 betr. den Schutz eines Denkmalplatzes und seiner Umgebung, ZBl 72/1971, S. 85 ff. Ausführlich dazu vorne S. 37 ff.

§ 11 Das Heimschlagsrecht bei Natur- und Heimatschutzmassnahmen

riellen Enteignung ausgeübt werden. In Lehre und Rechtsprechung wird denn auch darauf hingewiesen, dass im Unterschied zu den Heimschlagsrechten bei Freihalte- und Erholungszonen, Baulinien und Werkplänen dasjenige im Natur- und Heimatschutzrecht nur geltend gemacht werden kann, wenn der Tatbestand der materiellen Enteignung erfüllt ist[11]. Unpräzis ist indessen die § 41 Abs. 1 Hlbs. 1 PBG entsprechende Formulierung von § 214 Abs. 1 Hlbs. 2, wonach dem Betroffenen das Heimschlagsrecht neben einem *allfälligen* Entschädigungsanspruch aus materieller Enteignung zusteht. Bewirkt eine Schutzmassnahme eine materielle Enteignung, steht dem Eigentümer nicht nur eventuell ein Entschädigungsanspruch zu, sondern er hat gemäss Art. 5 Abs. 2 RPG auf jeden Fall Anspruch auf volle Entschädigung[12].

Wie bereits dargelegt worden ist, sind Natur- und Heimatschutzobjekte in erster Linie durch Massnahmen des Planungsrechts zu schützen, wie etwa durch die Ausscheidung von Freihaltezonen. Bei den Freihaltezonen sieht das PBG in den §§ 41 ff. und § 62 Abs. 1 ebenfalls ein Heimschlagsrecht vor, welches aber im Gegensatz zu demjenigen des Natur- und Heimatschutzrechts *unabhängig* vom Vorliegen einer materiellen Enteignung ausgeübt werden kann[13]. Besteht nun die Schutzmassnahme in einer Freihaltezonenzuweisung, geht § 41 Abs. 1 PBG der Regelung von § 214 PBG vor[14].

Ob eine Schutzmassnahme eine materielle Enteignung bewirkt, ist anhand der bundesgerichtlichen Rechtsprechung zu diesem Begriff zu beurteilen[15]. Keine materielle Enteignung liegt vor, wenn der Eigentümer auch nach der Unterschutzstellung die Möglichkeit hat, sein Grundstück bestimmungsgemäss, wirtschaftlich sinnvoll und gut zu nutzen[16]. Die Unterstellung einer Liegenschaft unter Denkmalschutz hat in der Regel, sofern sich die Massnahme zur Hauptsache auf die Erhaltung der Fassade beschränkt, weder den Ent-

---

[11] RB 1982 Nr. 125; HALLER/KARLEN, N 484; VOLLENWEIDER, ZBGR 1980, S. 223; HESS, S. 221; DILGER, § 19 N 55; P. MÜLLER, S. 36; KLAMETH, S. 5.

[12] Vgl. auch KLAMETH, S. 6, sowie hinten S. 130.

[13] Dazu vorne S. 55 f.

[14] VOLLENWEIDER, ZBGR 1980, S. 223 Anm. 105. Vgl. dazu auch hinten S. 130 f.

[15] Vgl. dazu HESS (S. 235 ff.), der die einzelnen Schutzmassnahmen des zürcherischen Rechts daraufhin untersucht, ob sie zu einer materiellen Enteignung führen können.

[16] BGE 111 Ib 263 ff. E. 4 (Neeff und Heusler c. Kt. Basel-Stadt); 112 Ib 263 ff. («Reburg», Stadt St. Gallen); 117 Ib 262 ff. (Etat de Genève). Vgl. auch RB 1991 Nr. 80; VGr, BEZ 1995 Nr. 11 E. 3; KUTTLER, ZBl 88/1987, S. 197; GYR, S. 27 ff.

zug einer wesentlichen Eigentümerbefugnis noch ein unzumutbares Sonderopfer zur Folge, da dem Grundeigentümer im allgemeinen eine wirtschaftlich angemessene Grundstücknutzung erhalten bleibt[17].

IMHOLZ hat im Jahre 1982 festgestellt, dass das Heimschlagsrecht in der Praxis bislang kaum in Anspruch genommen worden sei[18]. In der publizierten Judikatur findet sich zu § 214 PBG denn auch nur gerade ein Entscheid des Verwaltungsgerichts vom 5. Februar 1982[19]. Dass sich die Rechtsprechung bis anhin erst selten mit dem Heimschlagsrecht des § 214 PBG auseinanderzusetzen hatte, hat wohl die beiden folgenden Gründe: Zum einen wird in der Rechtsprechung das Vorliegen einer materiellen Enteignung aufgrund von Natur- und Heimatschutzmassnahmen nur selten bejaht[20]. Liegt aber keine materielle Enteignung vor, so kann das Heimschlagsrecht nicht ausgeübt werden. Zum anderen kann es sein, dass sich die Parteien über die Übernahme des Schutzobjektes gütlich einigen konnten[21].

2. Kumulatives Heimschlagsrecht

Laut § 214 Abs. 1 PBG steht dem Eigentümer das Heimschlagsrecht *neben* dem Entschädigungsanspruch aus materieller Enteignung zu. Wie beim Heimschlagsrecht bei Freihalte- und Erholungszonen handelt es sich hierbei um ein *kumulatives* Heimschlagsrecht[22]. Der Grundeigentümer kann das Heimschlagsrecht auch noch nach Geltendmachung einer Entschädigung aus mate-

---

[17] BGE 111 Ib 267 ff. E. 4c mit Hinweisen auf die Literatur.

[18] IMHOLZ, S. 44.

[19] RB 1982 Nr. 125 betr. die Liegenschaft «Roter Löwen», Kloten. Vgl. zu diesem Fall auch HESS, S. 221 f.

[20] GYR (S. 30) weist nach, dass in der jüngeren bundesgerichtlichen Rechtsprechung nur gerade in BGE 113 Ia 368 ff. = Pra. 78/1989 Nr. 159 (Balli c. Ticino) das Vorliegen einer materiellen Enteignung aufgrund einer Denkmalschutzmassnahme angenommen worden ist.

[21] So hat beispielsweise im Zusammenhang mit der Unterschutzstellung der Villa Parkring 11 in Zürich kein Schätzungsverfahren stattgefunden (Auskunft der SchK I). Diese Villa wurde 1988 mit Garten, Gärtnerhaus und Garage unter Schutz gestellt. Die Eigentümer machten das Heimschlagrecht geltend, worauf die Stadt 1990 die Liegenschaft übernahm. NZZ, 28. Juni 1995, Nr. 147, S. 55.

[22] P. MÜLLER, S. 36; DILGER, § 19 N 55; VOLLENWEIDER, ZBGR 1980, S. 223; HESS, S. 221; KLAMETH, S. 4. Allgemein zu den kumulativen Heimschlagsrechten vorne S. 34 f.

rieller Enteignung ausüben; die Heimschlagsentschädigung beschränkt sich in diesem Fall auf den Restwert des Grundstücks[23].

3. Umfang des Heimschlagsrechts

Bewirkt die Schutzmassnahme eine materielle Enteignung, steht dem betroffenen Eigentümer das Heimschlagsrecht zu. Heimschlagbar ist dabei das *Schutzobjekt*[24]. Wird von einem Grundstück nur ein Teil unter Schutz gestellt, kann der Eigentümer nur die Übernahme dieser Fläche verlangen, wobei sowohl ihm als auch dem Gemeinwesen das Ausdehnungsrecht nach § 8 bzw. § 9 AbtrG zusteht[25, 26]. So kann der Grundeigentümer im Rahmen von § 8 AbtrG die Übernahme des ganzen Grundstücks verlangen, wenn er den ihm verbleibenden Grundstücksteil nicht mehr oder nur noch mit grossen Schwierigkeiten verwenden kann. Das Gemeinwesen ist gemäss § 9 AbtrG berechtigt, die Übernahme des ganzen Grundstücks zu verlangen, wenn es dem Eigentümer neben der Heimschlagsentschädigung eine Minderwertentschädigung für den ihm verbleibenden Grundstücksteil auszurichten hat, die sich auf mehr als einen Viertel des Gesamtwertes dieses Restes beläuft.

Das Schutzobjekt hat der Eigentümer jenem Gemeinwesen heimzuschlagen, welches die Schutzmassnahme angeordnet hat. Kommunale Schutzobjekte sind der Gemeinde heimzuschlagen, überkommunale dem Staat[27].

---

[23] Vgl. § 214 Abs. 2 i.V.m. § 42 Abs. 2 PBG. – § 214 Abs. 2 verweist wie der ähnlich formulierte § 62 Abs. 1 auf die in den §§ 41 ff. PBG für kantonale und regionale Freihaltezonen aufgestellten Bestimmungen.

[24] Vgl. HESS, S. 221.

[25] § 214 Abs. 2 i.V.m. § 41 Abs. 2 PBG. Vgl. VOLLENWEIDER, ZBGR 1980, S. 224 f.

[26] Im Kanton Zug kann der Eigentümer eines unter Schutz gestellten Gebäudes vom Gemeinwesen nicht nur dessen Erwerb verlangen, sondern auch die Übernahme eines angemessenen Umgeländes (§ 32 Abs. 2 Denkmalschutzgesetz).

[27] § 211 Abs. 1 und 2 PBG.

III. Hinweise auf Regelungen anderer Kantone

1. Übersicht

Im Zusammenhang mit Schutzmassnahmen des Natur- und Heimatschutzes kennen folgende Kantone ein Heimschlagsrecht:
- *Basel-Stadt:* § 23 Denkmalschutzgesetz i.V.m. § 7 Abs. 1 EntG[28];
- *Bern:* Art. 7 Gesetz über die Erhaltung der Kunstaltertümer und Urkunden;
- *Jura:* Art. 7 Loi sur la conservation des objets d'art et monuments historiques;
- *Luzern:* § 10 Abs. 3 Gesetz über den Schutz der Kulturdenkmäler;
- *Nidwalden:* Art. 14 Heimatschutzgesetz i.V.m. § 11 Naturschutzverordnung; Art. 51 Abs. 3 Heimatschutzgesetz;
- *St. Gallen:* Art. 100 Abs. 3 BauG;
- *Uri:* Art. 16 Natur- und Heimatschutzgesetz;
- *Zug:* § 32 Abs. 2 und 3 Denkmalschutzgesetz[29].

2. Die kantonalen Regelungen im Vergleich

Wie Zürich gewähren *Basel*, *Uri* und *Zug* dem Eigentümer eines unter Schutz gestellten Denkmals das Heimschlagsrecht, wenn diesen die Unterschutzstellung wie eine Enteignung trifft. So bestimmt Uri in Art. 16 Natur- und Heimatschutzgesetz unter der Marginalie «Heimschlagsrecht» folgendes:

> «Der Eigentümer des unter Schutz gestellten Objekts kann verlangen, dass es vom Gemeinwesen, das die Schutzmassnahme getroffen hat, erworben werde, wenn ihn die Schutzverfügung wie eine Enteignung trifft. Der Erwerbspreis entspricht der Enteignungsentschädigung, die nach den Regeln des Enteignungsverfahrens zu ermitteln ist.»

Ein solches Heimschlagsrecht ist im übrigen auch in einem Gesetzesentwurf enthalten, der anlässlich einer im September 1970 an der ETH Zürich durchgeführten Tagung über Rechtsfragen der Denkmalpflege entstanden ist. § 14 Abs. 2 des Entwurfs sieht vor, dass der Eigentümer des unter Schutz gestellten Denkmals jederzeit vom Kanton dessen Erwerb verlangen kann, wenn ihn die Unterschutzstellung wie eine Enteignung trifft[30].

---

[28] Vgl. GYR, S. 13 f.
[29] Dazu ZGGVP 1989/90, S. 71 ff., 80.
[30] Modell für ein kantonales Gesetz über Denkmalpflege, in: Rechtsfragen der Denkmal-

§ 11 Das Heimschlagsrecht bei Natur- und Heimatschutzmassnahmen

In den Kantonen *Bern*, *Jura* und *Luzern* besteht ein Heimschlagsrecht für bewegliche Kunstgegenstände (Mobilien). Das Vorliegen einer materiellen Enteignung bildet für die Geltendmachung des Heimschlagsrechts keine Voraussetzung.

Das Heimatschutzgesetz von *Nidwalden* beinhaltet zwei Heimschlagsrechte. So steht dem Eigentümer aufgrund von Art. 14 Heimatschutzgesetz das Heimschlagsrecht zu, wenn eine Schutzmassnahme eine materielle Enteignung bewirkt. Unter Schutz gestellte Mobilien kann der Eigentümer dagegen auch unabhängig vom Vorliegen einer materiellen Enteignung heimschlagen (Art. 51 Abs. 3 Heimatschutzgesetz)[31].

Das Baugesetz des Kantons *St. Gallen* räumt dem Eigentümer das Heimschlagsrecht ein, wenn dieser einen Beitrag an die Kosten der vom Gemeinwesen vorgenommenen Instandstellung von künstlerisch oder geschichtlich wertvollen Bauten zu leisten hat. Der Eigentümer kann innert dreissig Tagen seit der rechtskräftigen Festsetzung seines Beitrags die Enteignung des Schutzgegenstandes verlangen.

---

pflege, Veröffentlichungen des Schweizerischen Instituts für Verwaltungskurse an der Hochschule St. Gallen, Band 3, St. Gallen 1981, im Anhang.

[31] Art. 14 Heimatschutzgesetz entspricht wörtlich § 214 des zürcherischen PBG; Art. 51 Heimatschutzgesetz entspricht § 10 DSchG Luzern.

§ 12 Die Heimschlagsrechte des Quartierplanrechts

I. Einleitung

Bevor auf die einzelnen Heimschlagsrechte des Quartierplanrechts eingegangen werden soll, ist einleitend auf einige Unterschiede zwischen diesen und den übrigen vom PBG vorgesehenen Heimschlagsrechten hinzuweisen. Die bisher besprochenen Heimschlagsrechte wollen dem Grundeigentümer die Unannehmlichkeit ersparen, mit besonders schwerwiegenden Beschränkungen belegtes Land unter allen Umständen behalten zu müssen. Das Heimschlagsrecht kann dabei alternativ oder kumulativ zu einem allfälligen Entschädigungsanspruch aus materieller Enteignung geltend gemacht werden. Die quartierplanrechtlichen Heimschlagsrechte dagegen dienen dem Schutz jener Eigentümer, die an einem Quartierplan-, Grenzbereinigungs- oder Gebietssanierungsverfahren wegen der damit verbundenen finanziellen Lasten nicht teilnehmen wollen[1]. Mit der Ausübung des Heimschlagsrechts scheiden die Eigentümer aus dem Verfahren aus und befreien sich so von allen Kosten. Der sonst typische Zusammenhang zwischen materieller Enteignung und Heimschlagsrecht fehlt, da die Massnahmen des Quartierplanrechts kaum je eine materielle Enteignung bewirken[2].

II. Der Quartierplan

1. Begriff und Funktion des Quartierplans

Der Quartierplan ist neben den Bau- und Niveaulinien das älteste planungsrechtliche Institut des zürcherischen Rechts[3]. Es handelt sich dabei um einen

---

[1] Vgl. VOLLENWEIDER, ZBl 76/1975, S. 340.

[2] Vgl. VOLLENWEIDER, ZBGR 1980, S. 223 f.; SCHÜRMANN/HÄNNI, S. 226; ZIMMERLIN, Kommentar Baugesetz, § 172 N 1a. – Die Regelungen der übrigen Heimschlagsrechte des PBG können folglich nur mit Vorsicht für die Auslegung der quartierplanrechtlichen Heimschlagsrechte herangezogen werden, KOMMENTAR PBG, § 165 N 1b. Auch die Ausführungen im zweiten Teil dieser Arbeit (§§ 3 ff.) haben für diese Heimschlagsrechte nur beschränkt Geltung.

[3] So kannte bereits das Baugesetz von 1893 den Quartierplan. Vgl. §§ 19 – 27 BauG sowie die Verordnung betreffend das Verfahren bei Prüfung von Quartierplänen und bei Grenzregulierungen vom 24. Februar 1894 (ZG 5, S. 52 ff.). Im Unterschied zum geltenden Recht bestand kein Heimschlagsrecht.

§ 12 Die Heimschlagsrechte des Quartierplanrechts   95

Sondernutzungsplan[4], um ein Mittel zur Realisierung der Nutzungsplanung mit dem Zweck, durch die Massnahmen der *Landumlegung und Erschliessung* Rohbauland in unmittelbar nutzungsfähiges Bauland zu verwandeln[5]. Der Quartierplan ermöglicht im erfassten Gebiet eine der planungs- und baurechtlichen Ordnung entsprechende Nutzung und enthält die dafür nötigen Anordnungen[6]. Das Quartierplangebiet ist so einzuteilen, dass alle Grundstücke ohne Ausnahmebewilligungen und nachbarliche Zustimmung in eine den örtlichen Verhältnissen und der Bauzone angemessenen Weise überbaut werden können; ist dies nicht möglich, sind die erforderlichen Rechte und Lasten mit dem Quartierplan zu begründen[7]. Ferner ist dafür zu sorgen, dass alle Grundstücke innerhalb des Quartierplangebiets durch den Quartierplan erschlossen werden. Die Erschliessung ist so festzulegen, dass sie bei vollständiger Nutzung der erfassten Grundstücke genügt[8].

2. *Materielle Grundsätze des Quartierplanverfahrens*

Das Landumlegungsverfahren ist wesentlich von dem aus der Eigentumsgarantie fliessenden *Realersatz- bzw. Äquivalenzprinzip* geprägt. Danach hat grundsätzlich jeder am Umlegungsverfahren beteiligte Grundeigentümer Anspruch auf wertgleichen Realersatz, das heisst auf Zuteilung einer dem ursprünglichen Besitz in quantitativer und qualitativer Hinsicht gleichwertigen Parzelle, sofern der Zweck der Güterzusammenlegung und die technischen Erfordernisse dies zulassen[9]. Im zürcherischen Quartierplanrecht wird der Anspruch auf wertgleichen Realersatz in der Regel durch eine Umlegung nach Flächen unter Berücksichtigung von Wertunterschieden verwirklicht[10].

---

[4] Sondernutzungspläne wie Quartierpläne fallen unter die Nutzungspläne im Sinne der Art. 14 ff. RPG; BGE 111 Ib 13 ff. (Kt. Obwalden).

[5] BGE 115 Ib 173 (Schweizerische Bundesbahnen c. Rafz ZH); RB 1984 Nr. 79; KOMMENTAR PBG, Vorbem. zu den §§ 123 – 202, N 1 – 3; § 123 N 1; HALLER/KARLEN, N 373.

[6] § 123 Abs. 1 PBG.

[7] § 126 Abs. 1 PBG.

[8] § 128 PBG.

[9] Statt vieler BGE 119 Ia 24 m.w.H. (Lignerolle VD). Vgl. auch RB 1985 Nr. 89; BEZ 1989 Nr. 2. Zum Realersatzprinzip im allgemeinen: SCHÜRMANN/HÄNNI, S. 201 f., 227 f.; IMBODEN/RHINOW/KRÄHENMANN, Nr. 125 B.III; DILGER, § 11 N 149 f.; ERLÄUTERUNGEN ZUM RPG, Art. 20 N 8 ff.; HÜBNER, S. 52 ff., 103 ff.; STEINER, S. 69 ff.

[10] §§ 137 Abs. 1, 139 Abs. 1 Hlbs. 1 PBG. Vgl. RB 1985 Nr. 89.

Die nach den Abzügen (für Erschliessungsanlagen u.a.) verbleibende Gesamtfläche ist so zuzuteilen, dass die Grundeigentümer nach Möglichkeit geeignete Parzellen in gleichwertiger Lage und im Verhältnis zur Fläche ihres Altbestandes unter Berücksichtigung der Wertunterschiede erhalten.

Der Anspruch auf wertgleichen Realersatz gilt nicht unbeschränkt: Umlegungszweck und technische Erfordernisse können Abweichungen vom Realersatzprinzip erfordern[11]. So können aus Gründen zweckmässiger Lösung der Erschliessung oder Parzellierung, wegen der Rücksichtnahme auf bestehende Gebäude[12] oder zwecks Vermeidung von Auskäufen[13] *Mehr- oder Minderzuteilungen* nötig werden[14]. Derartige Mehr- oder Minderzuteilungen sind in Geld auszugleichen[15]. Abweichungen vom Realersatzprinzip ergeben sich ferner beim *Auskauf* von Kleinparzellen[16]. Eigentümer, die mit einer zu kleinen Fläche an der Umlegung beteiligt sind, haben keinen Anspruch auf Realersatz, sondern sind in Geld abzufinden.

3. Das Heimschlagsrecht beim Quartierplan
a) Übernahmepflicht und Heimschlagsrecht

Dem Anspruch auf Realersatz entspricht die Pflicht der Grundeigentümer, die ihnen neu zugewiesenen Flächen zu übernehmen. Sie können nicht verlangen, dass das Gemeinwesen ihre Parzellen übernimmt und sie dafür in Geld entschädigt[17]. § 165 PBG sieht allerdings eine «Befreiung»[18] von dieser Übernahmepflicht vor:

> «Der Grundeigentümer kann sich der Bezahlung der Entschädigung dadurch entziehen, dass er der Gemeinde das neu zugeteilte Grundstück innert 60 Tagen nach der Genehmigung des Quartierplans heimschlägt.

---

[11] BGE 119 Ia 24 (Lignerolle VD); STEINER, S. 79 ff.; ERLÄUTERUNGEN ZUM RPG, Art. 20 N 9.
[12] Vgl. § 127 PBG.
[13] Vgl. § 141 PBG.
[14] VOLLENWEIDER, ZBGR 1980, S. 215; KOMMENTAR PBG, § 145 N 1.
[15] § 145 Abs. 1 PBG.
[16] § 141 PBG. Vgl. RB 1985 Nr. 89.
[17] BGE 104 Ia 339 (Tschannen c. Fritsche und Obergericht des Kt. Thurgau); BGE in ZBl 84/1983, S. 184 (Gretzenbach SO); DILGER, § 11 N 149; ZIMMERLIN, § 175 N 1, 4; ALDER, S. 36.
[18] So die Marginalie von § 165 PBG.

§ 12 Die Heimschlagsrechte des Quartierplanrechts

Die Gemeinde hat in diesem Fall den Wert zu entschädigen, den das Grundstück am Bewertungsstichtag ohne Berücksichtigung der durch den Quartierplan eingetretenen Wertvermehrung hat.

Können sich die Parteien nicht einigen, hat die Gemeinde das Verfahren gemäss dem Gesetz betreffend die Abtretung von Privatrechten einzuleiten.»[19]

b) Voraussetzungen zur Geltendmachung des Heimschlagsrechts

aa) Der Grundeigentümer kann das Heimschlagsrecht ausüben, um sich der «Bezahlung der Entschädigung» zu entziehen. Es stellt sich die Frage, was darunter zu verstehen ist.

Auszugehen ist von § 162 PBG, der die Fälligkeit und Zahlung der aus dem Quartierplan entstehenden Geldschulden und -forderungen regelt. Gemäss § 162 Abs. 1 PBG werden Entschädigungen und Vergütungen mit der Zustellung der Mutationsunterlagen an die Beteiligten fällig, spätestens jedoch drei Monate nach der Genehmigung des Quartierplans. Nach Abs. 4 von § 162 PBG sind Entschädigungen und Vergütungen, soweit sie nicht mit Gegenforderungen verrechnet werden, innert 60 Tagen zu entrichten. Der Grundeigentümer kann sich aber auch innert 60 Tagen nach der Genehmigung des Quartierplans der Bezahlung der Entschädigung dadurch entziehen, dass er der Gemeinde das neu zugeteilte Grundstück heimschlägt (§ 165 Abs. 1 PBG). Der Begriff Entschädigung wird in den §§ 162 und 165 PBG im selben Sinne verwendet. Bei den in § 162 PBG geregelten Entschädigungen und Vergütungen handelt es sich um solche i.S.v. § 145 PBG[20]. Danach sind Mehr- und Minderzuteilungen, die im Interesse einer geeigneten Gestaltung der Parzellen erforderlich werden, in Geld auszugleichen, ebenso die Abzüge für öffentliche Verkehrs- und Versorgungsanlagen. Ferner ist Geldausgleich zu leisten für Werteinbussen im Zusammenhang mit der Beseiti-

---

[19] Ein ähnliches Heimschlagsrecht kennt § 62 lit. l des Strassengesetzes vom 27. September 1981 (LS 722.1). Die Grundeigentümer, deren Liegenschaft durch den Bau oder die Verbesserung einer Strasse oder eines Platzes eine Wertvermehrung erfahren, haben dem baupflichtigen Gemeinwesen Beiträge an die Kosten zu leisten (§ 62 lit. b StrG). Gemäss § 62 lit. l Abs. 1 StrG kann sich der Grundeigentümer der Bezahlung des von ihm verlangten Beitrags dadurch entziehen, dass er dem Gemeinwesen die Liegenschaft, für welche er beitragspflichtig erklärt worden ist, bis spätestens 60 Tage nach der Rechtkraft anbietet. – Eine nahezu identische Regelung enthielt bereits das Baugesetz von 1893 in § 34. Diese Bestimmung wurde 1959 in das Strassengesetz eingefügt (§ 17 l Gesetz betreffend das Strassenwesen vom 20. August 1893; GS 722.1).

[20] Weisung des Regierungsrates zum PBG, ABl 1973, S. 1837; KOMMENTAR PBG, § 162 N 1.

gung oder Anpassung von Gebäuden und anderen Bestandteilen sowie infolge Aufhebung, Änderung oder Begründung von beschränkten dinglichen Rechten[21]. Unter Entschädigung i.S.v. § 165 Abs. 1 PBG sind somit Geldleistungen zu verstehen, die der Grundeigentümer *im Rahmen des Geldausgleichs* gemäss § 145 PBG zu erbringen hat, so etwa für Mehrzuteilungen[22, 23].

bb) Jeder Grundeigentümer, der zur Leistung einer Ausgleichszahlung i.S.v. § 145 PBG verpflichtet ist, kann sich der Bezahlung der Entschädigung dadurch entziehen, dass er das neu zugeteilte Grundstück der Gemeinde heimschlägt, und zwar unabhängig von der Höhe der zu bezahlenden Entschädigung. Die Tatsache, dass bei der Grundstücksneuordnung auch kleinste Entschädigungsforderungen zum Heimschlag berechtigen, während eventuell bedeutend stärker ins Gewicht fallende Belastungen – etwa die Pflicht zur Übernahme der Erstellungskosten für die Erschliessungsanlagen[24] – vom Grundeigentümer getragen werden müssen, ohne dass ihm das Heimschlagsrecht zusteht, erachten MÜLLER/ROSENSTOCK/WIPFLI/ZUPPINGER zu Recht als unbefriedigend[25]. Bereits im Kantonsrat war diese Regelung umstritten[26]. Ein Antrag auf Streichung von § 165 PBG wurde jedoch abgelehnt, nachdem der Regierungsrat geltend gemacht hatte, dass das Heimschlagsrecht kaum so häufig ausgeübt werde, dass es für die Gemeinde zur Last werden könnte[27]. Die bisherigen Erfahrungen haben diese Ansicht bestätigt; so findet sich in der publizierten Judikatur bis anhin kein Anwendungsfall von § 165 PBG. Auf der Seite der Grundeigentümer besteht wohl auch kaum ein Interesse daran, auf die mit dem Quartierplan verbundenen Vorteile – sie gelangen zu

---

[21] Vgl. KOMMENTAR PBG, § 145.
[22] Vgl. auch KOMMENTAR PBG, § 165 N 1d, wonach nicht nur eine Landentschädigung, sondern auch eine solche für im Quartierplan zu begründende, zu ändernde oder aufzuhebende beschränkte dingliche Rechte zum Heimschlag berechtigen, nicht aber eine Geldleistung im Zusammenhang mit der Bereinigung der Pfandrechte (§ 160 Abs. 2 PBG).
[23] Zur Berechnung des Geldausgleichs für Mehr- oder Minderzuteilungen BRK IV, BEZ 1993 Nr. 25.
[24] Vgl. §§ 167 Abs. 2, 168 PBG.
[25] Vgl. dazu sowie zu weiteren Kritikpunkten KOMMENTAR PBG, § 165 N 1d. Vgl. ausserdem hinten S. 131.
[26] Protokoll des Kantonsrates 1971 – 1975, S. 9279.
[27] Votum von Regierungsrat GÜNTHARD, Protokoll des Kantonsrates 1971 – 1975, S. 9280.

§ 12 Die Heimschlagsrechte des Quartierplanrechts

baureifem Land – lediglich wegen der Verpflichtung zur Leistung von geringfügigen Ausgleichszahlungen zu verzichten.

cc) Neben der Pflicht, eine Ausgleichszahlung i.S.v. § 145 PBG zu leisten, setzt die Geltendmachung des Heimschlagsrechts notwendigerweise die Zuteilung eines Grundstücks voraus. Nur wer im Neubestand ein Grundstück zu Eigentum erhält, kann sich der Bezahlung der Entschädigung dadurch entziehen, dass er der Gemeinde das neu zugeteilte Grundstück heimschlägt[28]. Nicht heimschlagsberechtigt sind daher etwa zur Zahlung einer Entschädigung i.S.v. § 145 PBG verpflichtete Dienstbarkeitsberechtigte[29]. In Frage kommt das Heimschlagsrecht hingegen für Grundeigentümer, die wegen Mehrzuteilungen ein Grundstück zugeteilt erhalten, anstatt ausgekauft zu werden[30].

dd) MÜLLER/ROSENSTOCK/WIPFLI/ZUPPINGER vertreten die Ansicht, dass der Grundeigentümer der Gemeinde das neu zugeteilte Grundstück nur heimschlagen könne, wenn dieses *unüberbaut* sei; so wird ausgeführt: «Im Gegensatz zu § 103 Abs. 1 ist in § 165 nicht gesagt, dass es sich um ein unüberbautes Grundstück handeln müsse. Dies ist jedoch anzunehmen, weil sonst das Gemeinwesen ausserstande wäre, im Quartierplan durch Zuteilungen an überbaute Grundstücke ungenügende Grenzabstände oder starke Ausnützungsüberschreitungen zu korrigieren, ohne ein grosses finanzielles Risiko einzugehen.»[31] Der Wortlaut von § 165 Abs. 1 PBG bietet indessen für diese vor allem aus finanziellen Erwägungen geforderte Beschränkung des Heimschlagsrechts auf unüberbaute Grundstücke keinerlei Handhabe. Zudem war sich der Gesetzgeber bewusst, dass das Heimschlagsrecht für das Gemeinwesen mit finanziellen Belastungen verbunden sein kann – er erachtete diese aber als zumutbar[32]. Schliesslich steht in der Praxis im Rahmen des Quartierplanverfahrens die Behebung von ungenügenden Grenzabständen oder starken Ausnützungsüberschreitungen nicht im Vordergrund. Ziel des Verfah-

---

[28] Auch dem Gemeinwesen als Grundeigetümerin steht das Heimschlagsrecht offen, KOMMENTAR PBG, § 165 N 1d, cc.

[29] KOMMENTAR PBG, § 165 N 1c. – Zur Frage der Zulässigkeit des Heimschlagsrechts bei Gesamt- oder Miteigentum, das im Rahmen der Zusammenlegung von Grundstücken gemäss § 141 PBG begründet wurde, KOMMENTAR PBG, a.a.O.

[30] Vgl. § 141 PBG.

[31] KOMMENTAR PBG, § 165 N 1e.

[32] Protokoll des Kantonsrates 1971 – 1975, S. 9280.

rens ist es vielmehr, für Neuüberbauungen sinnvolle Parzellierungen zu erreichen, und nicht, durch bestehende Überbauungen verletzte Abstandsvorschriften oder Ausnützungsüberschreitungen zu korrigieren.

c) Rechtswirkungen des Heimschlags

Macht der Grundeigentümer das Heimschlagsrecht geltend, scheidet er aus dem Quartierplanverfahren aus und das Gemeinwesen tritt an seine Stelle. Die Gemeinde hat in der Folge die mit dem Quartierplanverfahren verbundenen Kosten für Ausgleichszahlungen, den Bau der Erschliessungsanlagen sowie die Verfahrenskosten zu tragen.

d) Anwendungsbereich des Heimschlagsrechts

Quartierpläne können entweder im privaten Verfahren von den Grundeigentümern oder im amtlichen Verfahren vom Gemeinderat aufgestellt werden[33]. Der von den Grundeigentümern ausgearbeitete Quartierplan bedarf gemäss § 160a Abs. 3 PBG der Zustimmung aller Grundeigentümer des Beizugsgebiets. Bei Änderung beschränkter dinglicher Rechte ist ferner das Einverständnis der Berechtigten erforderlich. Die Zustimmung zum Quartierplan wird nur erfolgen, wenn sich alle Beteiligten über die i.S.v. § 145 PBG zu leistenden Entschädigungen und Vergütungen für Mehr- und Minderzuteilungen, entgeltliche Landabzüge sowie für sonstige entstehende Werteinbussen einig geworden sind. Haben die Grundeigentümer die mit dem Quartierplan verbundenen finanziellen Lasten akzeptiert, so gelangt das Heimschlagsrecht nicht zur Anwendung[34]. Der Anwendungsbereich von § 165 PBG beschränkt sich auf den im *amtlichen Verfahren* ausgearbeiteten Quartierplan[35], bei welchem die Grundeigentümer gegen ihren Willen zur Leistung einer Entschädigung i.S.v. § 145 PBG verpflichtet werden können. Das Heimschlagsrecht ermöglicht jenen Grundeigentümern, die nicht bereit sind, die Entschädigung zu bezahlen, aus dem Quartierplanverfahren auszuscheiden.

---

[33] § 130 Abs. 1 PBG.
[34] Vgl. auch KOMMENTAR PBG, §§ 135, 136 N 1a.
[35] KOMMENTAR PBG, § 165 N 1a. – Das Heimschlagsrecht besteht auch beim Teilquartierplan (§ 123 Abs. 2 PBG) und bei der Revision eines genehmigten Quartierplans, KOMMENTAR PBG, a.a.O.

III. Die Grenzbereinigung

1. Begriff und Durchführung der Grenzbereinigung

Bei der Grenzbereinigung handelt es sich um eine besondere, verfahrensmässig vereinfachte Quartierplanart[36]. Sie findet Anwendung, wenn der Grenzverlauf oder Baulinien eine zweckmässige Überbauung einzelner Grundstücke hindern und für die beteiligten Grundeigentümer keine unzumutbaren Nachteile entstehen, ferner wenn sich eine Bereinigung im Rahmen der Grundbuchvermessung aufdrängt[37]. Wie der Quartierplan verfolgt die Grenzbereinigung das Ziel, zweckmässig überbaubare Parzellen zu schaffen[38], wobei sich die Grenzbereinigung im Unterschied zum Quartierplan auf die *Landumlegung* beschränkt. Das Grenzbereinigungsverfahren dient also nicht der Erschliessung[39]. Zur Anwendung gelangt die Grenzbereinigung nur, wenn relativ einfache Verhältnisse vorliegen[40] und wenn eine zweckmässige Überbauung durch blosse Korrektur des Grenzverlaufs zu erreichen ist[41]. Die Grenzbereinigung ist in erster Linie durch *Abtausch* von selbständig nicht überbaubaren Grundstücksteilen durchzuführen[42]. Anstelle von Grenzänderungen oder ergänzend dazu können beschränkte dingliche Rechte begründet, geändert oder aufgehoben werden, wobei darauf zu achten ist, dass den bisher Berechtigten oder den neu Belasteten keine unzumutbaren Nachteile entstehen[43]. Lediglich wenn auf diese Weise keine Grenzbereinigung erreicht werden kann, sind unüberbaubare Grundstücke und Grundstücksteile einer anstossenden Parzelle zuzuschlagen (sog. einseitige Zuteilung)[44].

---

[36] VGr, BEZ 1988 Nr. 44; HALLER/KARLEN, N 395; KOMMENTAR PBG, Vorbem. zu den §§ 178 – 185, N 1; VOLLENWEIDER, ZBGR 1980, S. 217; DILGER, § 1 N 109; Weisung des Regierungsrates zum PBG, ABl 1973, S. 1839.

[37] § 178 PBG.

[38] BRK I, BEZ 1982 Nr. 7; ZIMMERLIN, Kommentar Baugesetz, § 172 N 7; SCHÜRMANN/HÄNNI, S. 208.

[39] KOMMENTAR PBG, Vorbem. zu den §§ 178 – 185, N 1; HALLER/KARLEN, N 396; STEINER, S. 43; BRK I, BEZ 1982 Nr. 7.

[40] KOMMENTAR PBG, Vorbem. zu den §§ 178 – 185, N 2.

[41] BRK I, BEZ 1982 Nr. 7; STEINER, S. 43; ZIMMERLIN, Kommentar Baugesetz, § 172 N 7.

[42] § 178 PBG. Müssen selbständig überbaubare Parzellenteile getauscht werden, so ist ein Quartierplanverfahren durchzuführen; STEINER, S. 43; ZIMMERLIN, Kommentar Baugesetz, § 172 N 7.

[43] § 180 PBG.

[44] § 179 PBG. Vgl. zum Ganzen auch BRK II, BEZ 1993 Nr. 26, sowie Weisung des

2. Das Heimschlagsrecht bei der Grenzbereinigung

Im Unterschied zum Quartierplan und zur Gebietssanierung ist bei der Grenzbereinigung ein Heimschlagsrecht nicht ausdrücklich vorgesehen. Das PBG enthält aber in § 185 unter der Marginalie «Verweisung auf das Quartierplanverfahren» folgende Regelung:

> «Im übrigen gelten sinngemäss die Bestimmungen über das amtliche Quartierplanverfahren.»

Es stellt sich nun die Frage, ob der Verweis auf das amtliche[45] Quartierplanverfahren auch das Heimschlagsrecht des § 165 PBG umfasst. Steht mit anderen Worten dem Grundeigentümer, dessen Grundstück in eine Grenzbereinigung einbezogen wird, das Heimschlagsrecht ebenfalls zu, oder ist dies zu verneinen?

Während die Praxis zu dieser Frage bis anhin noch nie Stellung zu beziehen hatte, gehen in der Literatur die Meinungen auseinander. So sind KLAMETH und VOLLENWEIDER der Ansicht, dass aufgrund der ausdrücklichen Verweisung auf das Quartierplanverfahren auch bei der Grenzbereinigung ein Heimschlagsrecht bestehe[46]. Skeptisch äussern sich demgegenüber MÜLLER/ROSENSTOCK/WIPFLI/ZUPPINGER, die ausführen: «Durch die Gerichtspraxis noch abzuklären sein wird, ob die Vorschriften über den Heimschlag auch im Grenzbereinigungsverfahren Anwendung finden können. Dagegen spricht der Umstand, dass hier häufig Kleingrundstücke oder Grundstücksteile im rein privaten Interesse die Hand wechseln, wobei die Abtausche häufig in Quartieren mit bereits gefestigten hohen Landpreisen vor sich gehen, so dass der eigentliche Umlegungsvorteil gering ist. Die auch nach § 165 bestehende Gefahr, dass die Gemeinde ein ‹schlechtes Geschäft› macht, ist daher im Grenzbereinigungsverfahren noch ausgeprägter.»[47]

Meines Erachtens steht dem Grundeigentümer auch bei der Grenzbereinigung das Heimschlagsrecht nach § 165 PBG zu. Wie das Quartierplanverfahren

---

Regierungsrates zum PBG, ABl 1973, S. 1839 f.

[45] Der ausdrückliche Hinweis auf das *amtliche* Quartierplanverfahren ist heute ohne Bedeutung, da das PBG seit der Revision von 1991 nicht mehr zwischen amtlichen und privaten Quartierplänen unterscheidet.

[46] KLAMETH, S. 1; VOLLENWEIDER, ZBl 76/1975, S. 340; vgl. auch DERSELBE, ZBGR 1980, S. 200, 224.

[47] KOMMENTAR PBG, § 185 N 1e.

kann die Grenzbereinigung gegen den Willen der Beteiligten durchgeführt werden[48]. Mehr- und Minderzuteilungen sowie Werteinbussen, die im Zusammenhang mit der Begründung, Änderung oder Aufhebung von beschränkten dinglichen Rechten entstehen, sind ebenfalls in Geld auszugleichen[49]. Hat nun ein Grundeigentümer im Rahmen der Grenzbereinigung eine Ausgleichszahlung zu erbringen, so muss ihm wie beim Quartierplan die Möglichkeit offen stehen, sich der Bezahlung der Entschädigung dadurch zu entziehen, dass er innert 60 Tagen nach dem Festsetzungsbeschluss der Gemeinde das arrondierte Grundstück heimschlägt. Die finanziellen Verpflichtungen des Grundeigentümers werden sich allerdings in engen Grenzen halten, da die Durchführung des Grenzbereinigungsverfahrens voraussetzt, dass keine unzumutbaren Nachteile für die Beteiligten entstehen[50]. Die Wahrscheinlichkeit, dass ein Grundeigentümer das Heimschlagsrecht ausüben wird, um sich so der Bezahlung der geschuldeten Entschädigung zu entziehen, ist daher als äusserst gering einzuschätzen.

IV. Die Gebietssanierung

1. Begriff und Funktion der Gebietssanierung

Bei der 1975 eingeführten, seither aber noch nie angewendeten Gebietssanierung handelt es sich um eine Sonderform des Quartierplans[51]. Die Gebietssanierung[52] kann in *überbauten* Ortsteilen durchgeführt werden, deren Zustand im öffentlichen Interesse einer Erneuerung bedarf[53]. Das PBG unterscheidet dabei zwischen der Teil- und der Gesamterneuerung[54]. Die *Teilerneuerung* sorgt durch zweckgerechte Anordnungen für die Beseitigung von

---

[48] Vgl. § 183 Abs. 1 PBG, wonach der Gemeinderat die Grenzbereinigung samt allfälligen beschränkten dinglichen Rechten und den Entschädigungsfolgen festsetzt, wenn sich die Beteiligten innert zwei Monaten nach Vorlegung des von der Quartierplankommission oder dem Bauamt ausgearbeiteten Entwurfs nicht einigen können. Vgl. auch BRK II, BEZ 1993 Nr. 26 E. 3.
[49] § 183 Abs. 1 i.V.m. § 145 PBG. Vgl. KOMMENTAR PBG, § 182 N 1.
[50] Vgl. §§ 178 Abs. 1, 180 PBG.
[51] VOLLENWEIDER, ZBGR 1980, S. 217; HALLER/KARLEN, N 395; DILGER, § 1 N 109.
[52] Die Lehre spricht auch von Neuordnungs- oder Sanierungsumlegung; HÜBNER, S. 74; STEINER, S. 28.
[53] §§ 186 Abs. 1, 187 PBG.
[54] § 191 PBG.

baulichen Missständen[55], wobei es sich um solche räumlich und sachlich grösseren Umfangs handeln muss, denn erheblichen polizeilichen Missständen bei einzelnen Objekten ist mit Anordnungen i.S.v. § 358 PBG zu begegnen[56]. Die *Gesamterneuerung* dagegen bezweckt eine Neuüberbauung des erfassten Gebiets. Sie kann nur angeordnet werden, wenn eine Teilerneuerung keine günstige Gesamtwirkung erwarten lässt[57]. Im Unterschied zur Teilerneuerung, die sich auf die Beseitigung oder bauliche Sanierung missständlicher Bauten und Anlagen sowie auf die Erstellung gemeinschaftlicher Ausstattungen und Ausrüstungen beschränkt[58], wird bei der Gesamterneuerung der gesamte vorhandene Baubestand beseitigt und das Gebiet neu überbaut, wofür ein Gestaltungsplan zu erstellen ist[59].

2. Das Heimschlagsrecht bei der Gebietssanierung

Im Zusammenhang mit der Gebietssanierung sieht § 202 PBG das folgende Heimschlagsrecht vor:

> «Jeder Grundeigentümer im erfassten Gebiet hat das Recht, sein Grundstück dem Gemeinwesen heimzuschlagen.
> Das Heimschlagsrecht kann von der Rechtskraft des Einleitungsbeschlusses an bis längstens zum Baubeginn an der Bauetappe erklärt werden, an der der Heimschlagende beteiligt ist.
> Mit der Ausübungserklärung tritt die Gemeinde ohne Rücksicht auf eine Auseinandersetzung über die Heimschlagsentschädigung in die Rechtsstellung des Heimschlagenden ein.
> Die Heimschlagsentschädigung richtet sich nach den Wertverhältnissen am Bewertungsstichtag unter Berücksichtigung geleisteter und geschuldeter Zahlungen des Heimschlagenden; können sich die Parteien nicht einigen, hat die Gemeinde das Verfahren nach dem Gesetz betreffend die Abtretung von Privatrechten einzuleiten.»

Dieses Heimschlagsrecht dient dem Schutz der Grundeigentümer, die an einer Gebietssanierung nicht teilnehmen wollen, führt dieses Verfahren doch zu erheblichen Eingriffen in die Rechte der Grundeigentümer[60]. Vor allem bringt

---

[55] § 191 Abs. 2 PBG.
[56] § 186 Abs. 2 PBG. Vgl. VOLLENWEIDER, ZBGR 1980, S. 218; HÜBNER, S. 75.
[57] § 191 Abs. 1 PBG.
[58] § 16 QPV.
[59] § 192 PBG.
[60] Weisung des Regierungsrates zum PBG, ABl 1973, S. 1843; Votum von Kommissions-

§ 12 Die Heimschlagsrechte des Quartierplanrechts

die Durchführung eines Gebietssanierungsverfahrens finanzielle Lasten für die Beteiligten. So fallen bei der Teilerneuerung Kosten an für die Beseitigung und Sanierung der Bauten und Anlagen sowie für die Erstellung der gemeinschaftlichen Ausstattungen und Ausrüstungen. Bei der Gesamterneuerung ist für die Kosten der Beseitigung der bestehenden Bauten und für die Neuüberbauung aufzukommen.

Das Heimschlagsrecht kann bereits ab Rechtskraft des Einleitungsbeschlusses geltend gemacht werden[61]. Dadurch wird den Grundeigentümern, gegen deren Willen die Einleitung eines Gebietssanierungsverfahrens beschlossen wurde[62], gleich zu Beginn ermöglicht, aus dem Verfahren auszuscheiden. Wichtig ist indessen, dass die Grundeigentümer mit der Ausübung des Heimschlagsrechts zuwarten können, und zwar bis zum Baubeginn an der Bauetappe, an der sie beteiligt sind. Da im Zeitpunkt der Einleitung des Verfahrens die mit der Gebietssanierung verbundenen Belastungen gar noch nicht bekannt sind, muss den an einer Gebietssanierung grundsätzlich interessierten Grundeigentümern Zeit gegeben werden, um zu beurteilen, ob sie sich am Verfahren beteiligen wollen oder nicht[63]. Das Heimschlagsrecht werden sie etwa dann geltend machen, wenn ihnen die mit der Gebietssanierung verbundenen Lasten als zu hoch erscheinen oder wenn sie nicht in der Lage sind, die nötigen finanziellen Mittel aufzubringen.

Die Regelung von § 202 Abs. 3 PBG, wonach die Gemeinde bereits mit der Ausübung des Heimschlagsrechts in die Rechtsstellung des Heimschlagenden eintritt, und zwar ohne Rücksicht auf eine Auseinandersetzung über die Heimschlagsentschädigung, bietet Gewähr dafür, dass die Durchführung der Gebietssanierung nicht durch das Ausscheiden eines einzelnen Beteiligten unnötig verzögert wird und dass die Gemeinde im Verfahren sofort ihre Interessen wahrnehmen kann[64].

---

präsident HONEGGER, Protokoll des Kantonsrates 1971 – 1975, S. 9287.
[61] § 202 Abs. 2 PBG.
[62] Vgl. § 190 PBG.
[63] Vgl. auch VOLLENWEIDER, ZBGR 1980, S. 224.
[64] Weisung des Regierungsrates zum PBG, ABl 1973, S. 1843.

V. Hinweise auf Regelungen anderer Kantone

Im Quartierplanrecht kennen nur sehr wenige Kantone ein Heimschlagsrecht. Vorgesehen ist ein solches Recht in den Kantonen:

- *Basel-Landschaft:* § 45 Entwurf zu einem neuen Raumplanungs- und Baugesetz;
- *Basel-Stadt:* § 4 Abs. 3 und § 51 Abs. 3 Gesetz über Bodenordnungsmassnahmen[65].

Im Kanton *Basel-Landschaft* besteht das Heimschlagsrecht im Rahmen der Quartierplanung. Der Grundeigentümer, der gegen den Quartierplan Einsprache erhoben hat, kann innert eines Jahres nach Eintritt der Rechtskraft des Quartierplans von der Gemeinde die Übernahme seines im betroffenen Gebiet liegenden Grundstücks verlangen.

In *Basel-Stadt* wird dem Grundeigentümer das Heimschlagsrecht im Zusammenhang mit der Sanierung und Neuordnung bereits überbauter Gebiete eingeräumt.

---

[65] Dazu HÜBNER, S. 74 ff., 117 ff.

2. Kapitel:
Entschädigungs- und Verfahrensfragen

§ 13 Die Heimschlagsentschädigung

I. Die Ermittlung der Heimschlagsentschädigung nach der bundesgerichtlichen Rechtsprechung

1. Bemessung der Entschädigung bei Vorliegen einer materiellen Enteignung

Im folgenden wird der Frage nachgegangen, nach welchen Grundsätzen die Heimschlagsentschädigung zu ermitteln ist, wenn die dem Heimschlag zugrundeliegende Planungsmassnahme eine materielle Enteignung bewirkt hat. Gemäss der Praxis des Bundesgerichts wird eine materielle Enteignung durch die Übernahme des Grundstücks durch das Gemeinwesen nicht in eine formelle Enteignung umgewandelt, sondern lediglich durch eine formelle Enteignung ergänzt, soweit es um die Bewertung und Übernahme des bereits auf den Landwirtschaftswert reduzierten Grundstücks geht[1]. Die Heimschlagsentschädigung bei Vorliegen einer materiellen Enteignung setzt sich daher aus zwei Komponenten zusammen: Einerseits aus einer Entschädigung für die durch den enteignungsähnlichen Eingriff erlittene Entwertung des Landes und andererseits aus einer Entschädigung für die Übernahme des Grundstücks durch das Gemeinwesen.

Für die Berechnung der *Entschädigung aus materieller Enteignung* gelten die sich aus Art. 5 Abs. 2 RPG ergebenden Entschädigungsregeln. Die Entschädigung ist aufgrund der Verhältnisse im Zeitpunkt, in welchem die Eigentumsbeschränkung in Kraft trat und den Minderwert des Grundstücks bewirkte, zu bestimmen[2]. Zu verzinsen ist die Entschädigung grundsätzlich von dem Tage an, an dem der Eigentümer erstmals unmissverständlich um Vergütung für den Eingriff ersucht, frühestens aber ab Entstehen der Forderung bei Inkrafttreten der Eigentumsbeschränkung[3].

---

[1] BGE 108 Ib 338 E. 4b (Sarnen OW c. Abegg); 97 I 814 f. (Gerber und Wimmer c. Muri BE).

[2] Vgl. etwa BGE 114 Ib 111 (Commugny VD c. R.); 114 Ib 284 (C. c. Etat de Neuchâtel).

[3] BGE 114 Ib 178 f. E. 4 (Erbengemeinschaft J. c. Stadt Schaffhausen); 114 Ib 284 (C.

Dieser bundesrechtliche Entschädigungsanspruch darf durch kantonale Bestimmungen weder geschmälert noch erweitert werden[4]. Die Geltung der kantonalen Vorschriften, welche die Berechnung der Heimschlagsentschädigung regeln, beschränkt sich deshalb bei Vorliegen einer materiellen Enteignung auf die Bemessung der *Entschädigung für den Restwert*, der dem Grundstück nach dem Inkrafttreten der Eigentumsbeschränkung verblieben ist[5]. Bei nicht überbauten Grundstücken entspricht dieser Restwert in der Regel dem landwirtschaftlichen Bodenwert[6].

Enthält das kantonale Recht indessen keine speziellen Regeln zur Berechnung der Heimschlagsentschädigung, so ist gemäss der bundesgerichtlichen Rechtsprechung der Restwert nach den Grundsätzen der formellen Enteignung zu ermitteln[7, 8]. Die Entschädigung für den Restlandwert wird in diesem Fall nach den Verhältnissen im Zeitpunkt der Übernahme bestimmt[9]. Der Eigentümer nimmt damit an der Preisentwicklung teil, die sich seit Inkrafttreten der Eigentumsbeschränkung für landwirtschaftlichen Boden ergeben hat[10].

---

c. Etat de Neuchâtel). Im Entscheid Erbengemeinschaft J. (a.a.O.) hat das BGr überdies festgehalten, dass Ausnahmefälle denkbar sind, in denen sich die Verzinsung der Entschädigung nicht oder nur beschränkt rechtfertigen liesse, so etwa, wenn das Grundstück bereits überbaut ist und bis zur Übernahme durch das Gemeinwesen weiterhin einen dem Baulandwert entsprechenden Ertrag abwirft.

[4] BGE 114 Ib 177 (Erbengemeinschaft J. c. Stadt Schaffhausen); 114 Ib 293 f. E. 5 (Pagano c. Einwohnergemeinde Bern).

[5] BGE 114 Ib 178 (Erbengemeinschaft J. c. Stadt Schaffhausen).

[6] BGE 108 Ib 338 (Sarnen OW c. Abegg); 114 Ib 111 (Commugny VD c. R.). Vgl. auch BGE 120 Ib 470 f. E. 4c (Locarno TI c. Balli).

[7] BGE 108 Ib 338 f. E. 4c (Sarnen OW c. Abegg) mit dem Hinweis, dass wenn zwischen dem Zeitpunkt der materiellen und jenem der formellen Enteignung keine nennenswerte Preisentwicklung stattgefunden hat, davon abgesehen werden kann, die Schätzungstage auseinanderzuhalten.

[8] Die Verzinsung für den Restwert richtet sich ebenfalls nach den Bestimmungen des kantonalen Enteignungsrechts. BGE 114 Ib 178 f. (Erbengemeinschaft J. c. Stadt Schaffhausen); 114 Ib 125 (X. c. Trimmis GR).

[9] In BGE 108 Ib 339 (Sarnen OW c. Abegg) nennt das BGr als massgebenden Zeitpunkt für die Ermittlung des Restwertes den Wert *im Zeitpunkt des Heimschlags*. Ebenso BGE 112 Ib 495 (Erbengemeinschaft Benoit c. Biel BE); 114 Ib 122 (X. c. Trimmis GR). Darunter ist der Wert im Zeitpunkt der Übernahme zu verstehen, das heisst der Wert im Zeitpunkt der Schätzung durch die erstinstanzliche Enteignungsbehörde, und nicht etwa derjenige im Zeitpunkt des Übernahmebegehrens. Vgl. BGE 114 Ib 124 f. (Trimmis); 108 Ib 343 (Sarnen).

[10] Diese Praxis, die auch unter der Bezeichnung *Zweistufentheorie* bekannt ist, wendet das Bundesgericht nicht nur zur Ermittlung der Heimschlagsentschädigung bei Vorliegen einer materiellen Enteignung an, sondern sie findet generell Anwendung, wenn ein ent-

2. Bemessung der Entschädigung bei Fehlen einer materiellen Enteignung

Hat die Planungsmassnahme, die dem Heimschlag zugrundeliegt, keine materielle Enteignung zur Folge, so bestimmt sich die Heimschlagsentschädigung nach den entsprechenden kantonalen Vorschriften[11]. Bei Fehlen spezieller kantonaler Regeln ist diese nach den Grundsätzen des formellen Enteignungsrechts zu ermitteln. Die Entschädigung entspricht dabei regelmässig dem landwirtschaftlichen Bodenwert des Grundstücks im Zeitpunkt der Übernahme[12].

II. Die Ermittlung der Heimschlagsentschädigung nach zürcherischem Recht

1. Einleitung

Der Kanton Zürich kennt spezielle Bestimmungen über die Berechnung der Heimschlagsentschädigung. Auf der einen Seite enthält § 42 PBG eine Vorschrift, welche die Heimschlagsentschädigung bei Freihaltezonen betrifft. Diese Regelung kommt darüber hinaus bei Baulinien, Werkplänen sowie Natur- und Heimatschutzmassnahmen zur Anwendung. Davon abweichend regelt das PBG auf der anderen Seite die Festsetzung der Entschädigung bei den Heimschlagsrechten des Quartierplanrechts. Auf die entsprechenden Bestimmungen wird nachfolgend näher eingegangen.

---

eignungsähnlicher Eingriff nachträglich durch eine formelle Enteignung ergänzt wird. So beispielsweise, wenn sich die beiden Parteien auf eine Übernahme des enteignungsähnlich belasteten Grundstücks einigen. Vgl. dazu BGE 114 Ib 108 ff. (Commugny VD c. R.). Die Zweistufentheorie findet zudem Anwendung, wenn das Gemeinwesen sein ihm im Zusammenhang mit der Planungsmassnahme eingeräumtes Enteignungsrecht geltend macht. Vgl. dazu BGE 110 Ib 255 ff. (Philipp c. Savognin GR); 112 Ib 492 ff. E. 10 (Erbengemeinschaft Benoit c. Biel BE); 114 Ib 122 ff. E. 7 (X. c. Trimmis GR); 114 Ib 286 ff. (Pagano c. Einwohnergemeinde Bern). Schliesslich gelangt die Zweistufentheorie zur Anwendung, wenn das wegen einer materiellen Enteignung entschädigungspflichtige Gemeinwesen das Zugrecht ausübt. Vgl. Verwaltungsgericht Thurgau, TVR 1992 Nr. 22 E. 4. – Zum Ganzen WOLF, S. 10 ff.; RIVA, S. 194 ff.

[11] BGE 114 Ib 177 (Erbengemeinschaft J. c. Stadt Schaffhausen), wo das BGr ausführt, dass dann, wenn der Heimschlag aufgrund des kantonalen Rechts auf eine planerische Massnahme hin gewährt werde, die zu keiner materiellen Enteignung führt und somit nicht unter Art. 5 Abs. 2 RPG fällt, der Richter nicht an die bundesrechtliche Garantie gebunden sei und die Entschädigung ausschliesslich nach den kantonalen Vorschriften bemessen werden dürfe. Vgl. auch BGE 114 Ib 293 (Pagano c. Einwohnergemeinde Bern).

[12] BGE 112 Ib 495 (Erbengemeinschaft Benoit c. Biel BE).

2. Die Heimschlagsentschädigung bei Freihaltezonen, Baulinien, Werkplänen sowie Natur- und Heimatschutzmassnahmen

a) Gesetzliche Regelung

§ 42 PBG enthält unter der Marginalie «Entschädigung» folgende Regelung zur Bemessung der Heimschlagsentschädigung:

> «Die Entschädigung richtet sich nach den Verhältnissen bei Eintritt der Rechtskraft der Freihaltezone. Sie ist von dem Zeitpunkt an zu verzinsen, in dem der Heimschlag ausgeübt wird.
> Für materielle Enteignung bereits bezahlte Entschädigungen sind anzurechnen.»

Diese Bestimmung gilt aufgrund der Verweisungen in den §§ 104 Abs. 2, 119 Abs. 2 und 214 Abs. 2 PBG sinngemäss für die Entschädigung bei Baulinien[13], Werkplänen[14] sowie Natur- und Heimatschutzmassnahmen[15].

b) Entwicklung der verwaltungsgerichtlichen Rechtsprechung

In seiner früheren Rechtsprechung ging das Zürcher Verwaltungsgericht davon aus, dass auch wenn das Recht, den Heimschlag zu verlangen, nicht aus der Eigentumsgarantie und insbesondere nicht aus dem Grundsatz der vollen Entschädigung folge, unter der dem heimschlagenden Grundeigentümer gemäss § 42 Abs. 1 PBG zustehenden Entschädigung gleichwohl nichts anderes als ein voller Wertausgleich i.S.v. Art. 22ter Abs. 3 BV verstanden werden könne. In der Folge sprach das Verwaltungsgericht dem Eigentümer jeweils eine Heimschlagsentschädigung in der Höhe des Verkehrswertes zu, der dem Grundstück vor der Planungsmassnahme zugekommen war, und zwar ohne zu prüfen, ob diese Massnahme eine materielle Enteignung bewirkt hatte oder nicht[16].

Im Entscheid Küsnacht gegen X. und Mitbeteiligte vom 4. Februar 1986[17] – in diesem Fall war die Höhe der Entschädigung für heimgeschlagenes Freihaltezonenland umstritten – warf das Verwaltungsgericht die Frage auf, ob

---

[13] Vgl. RB 1989 Nr. 90.
[14] Vgl. RB 1990 Nr. 106 nicht publ. E. 4a (Allmendkorporation Horgen).
[15] Vgl. RB 1982 Nr. 125 («Roter Löwen», Kloten).
[16] Dazu ZBl 88/1987, S. 174 ff. (Küsnacht c. X. und Mitbeteiligte); BEZ 1986 Nr. 23, S. 29 f. (Küsnacht c. T. AG) und Revisionsentscheid in derselben Sache RB 1987 Nr. 91 nicht publ. E. 4b; RB 1989 Nr. 91 nicht publ. E. 3 (Uetikon am See).
[17] ZBl 88/1987, S. 174 ff., 175.

§ 13 Die Heimschlagsentschädigung

die dem Grundeigentümer in § 41 Abs. 1 PBG eingeräumte Möglichkeit, durch den Heimschlag stets Entschädigungsleistungen des Gemeinwesens für Land in der Freihaltezone auszulösen, nicht das Bundesrecht unterlaufe, das die Entschädigungspflicht des Gemeinwesens abschliessend auf die Fälle der materiellen Enteignung beschränke. Im weiteren erachtete es den Hinweis der Vorinstanz[18], wonach diese Regelung den Eigentümer von Grundstücken in der Freihaltezone besserstelle als den Eigentümer von Grundstücken im Landwirtschaftsgebiet, im Hinblick auf Art. 4 BV als überdenkenswert. Aus verfahrensrechtlichen Gründen konnten jedoch beide Fragen offengelassen werden.

In seinem Entscheid Hörnligraben vom 29. September 1989 griff das Verwaltungsgericht diese Fragen wieder auf[19]. Dabei gelangte es zum Schluss, dass es in seiner bisherigen Rechtsprechung zwar zutreffend davon ausgegangen sei, dass § 41 Abs. 1 PBG den Heimschlag unabhängig vom Vorliegen einer materiellen Enteignung gewähre. Dennoch dürfe dieses Institut nicht dazu führen, dass das Gemeinwesen dort, wo die Voraussetzungen einer materiellen Enteignung fehlten, das heimgeschlagene Land zu Preisen entschädigen müsse, die eine Bauverbotsentschädigung mitumfassen. Der Begriff der materiellen Enteignung sei bundesrechtlich abschliessend umschrieben und dürfe nicht durch eine Ausdehnung der formellen Enteignung unterlaufen werden. Dies bedeute, dass Land in der Freihaltezone zwar heimgeschlagen werden könne, auch wenn keine materielle Enteignung vorliege, dass aber in Änderung der bisherigen Praxis der Verkehrswert massgebend sei, der sich nach dem (unter diesen Umständen entschädigungslos hinzunehmenden) Wegfall der Möglichkeit einer besseren Verwendung ergebe. Soweit § 42 Abs. 1 Satz 1 PBG durch das Gebot, die Heimschlagsentschädigung nach den Verhältnissen bei Eintritt der Rechtskraft der Freihaltezone auszurichten, über den bundesrechtlichen Entschädigungstatbestand der materiellen Enteignung hinaus die Einbusse von Bauchancen vergütet haben wolle, sei die Bestimmung bundesrechtswidrig und deshalb nicht anwendbar. Ausserdem gewährleiste diese Betrachtungsweise, dass ein Grundeigentümer, der sein Land einer Freihaltezone zugeteilt sehe, nicht ungerechtfertigterweise gegenüber jenem bevorzugt werde, dessen Grundstück aus einer Bauzone in eine Landwirtschaftszone gerate. Diese Praxisänderung bedeute, so das Verwaltungs-

---

[18] Vgl. Entscheid der SchK II, 26. Mai 1983, E. 4.
[19] BEZ 1989 Nr. 39, Leitsatz in RB 1989 Nr. 89.

gericht weiter, dass bei der Festsetzung der Heimschlagsentschädigung stets die Frage einer materiellen Enteignung zu prüfen sei[20].

c) Bemessung der Heimschlagsentschädigung

Die vom Verwaltungsgericht im Entscheid Hörnligraben entwickelten Grundsätze zur Bemessung der Heimschlagsentschädigung bei Freihaltezonen[21] gelangen auch bei den Heimschlagsrechten des Werkplans und der Baulinien zur Anwendung[22]. Bei diesen Heimschlagsrechten, die auch bei Fehlen einer materiellen Enteignung ausgeübt werden können, muss, damit die Höhe der Heimschlagsentschädigung bestimmt werden kann, stets geprüft werden, ob durch die Planungsmassnahme eine materielle Enteignung bewirkt worden ist oder nicht. Bei den Natur- und Heimatschutzmassnahmen bildet das Vorliegen einer materiellen Enteignung indessen bereits Voraussetzung zur Geltendmachung des Heimschlagsrechts.

aa) *Liegt eine materielle Enteignung vor*, umfasst die Heimschlagsentschädigung einerseits eine Entschädigung für die materielle Enteignung und andererseits eine Entschädigung für den Heimschlag[23]. Die Entschädigung für die materielle Enteignung bemisst sich in Übereinstimmung mit der bundesgerichtlichen Praxis nach den Verhältnissen bei Inkrafttreten der Eigentumsbeschränkung[24]. Sie besteht in der Differenz zwischen dem Verkehrswert des Grundstücks vor der Eigentumsbeschränkung und demjenigen nach dem Eingriff. Die Entschädigung für die Übernahme des Grundstücks entspricht dem Restwert, welcher dem Grundstück nach dem Inkrafttreten der Eigentumsbeschränkung noch verblieben ist. Dieser Restwert ist gemäss § 42

---

[20] Das BGr ist mit Urteil vom 2. Oktober 1991 (auszugsweise in BGE 117 Ib 497 ff. publiziert) auf das Begehren, es sei dem Grundeigentümer *ohne* Prüfung der Frage einer materiellen Enteignung eine volle Verkehrswertvergütung zuzusprechen, nicht eingetreten.

[21] Vgl. BEZ 1989 Nr. 39, Leitsatz in RB 1989 Nr. 89.

[22] So ausdrücklich RB 1990 Nr. 106 nicht publ. E. 4c (Allmendkorporation Horgen) betr. den Werkplan.

[23] Wenn die Entschädigung für die materielle Enteignung bereits in einem gesonderten Verfahren vergütet worden ist, was bei den kumulativen Heimschlagsrechten (Freihalte- und Erholungszonen, Natur- und Heimatschutzmassnahmen) der Fall sein kann, umfasst die Heimschlagsentschädigung nur noch den Restwert. Vgl. dazu § 42 Abs. 2 PBG, der ausdrücklich festhält, dass für materielle Enteignung bereits bezahlte Entschädigungen anzurechnen sind.

[24] § 183bis Abs. 3 Satz 1 EG ZGB.

Abs. 1 Satz 1 PBG ebenfalls nach den Verhältnissen bei Eintritt der Rechtskraft der Eigentumsbeschränkung zu bestimmen[25]. Die Entschädigung für den Restwert wird damit im zürcherischen Recht nicht analog zur formellen Enteignung nach den Verhältnissen am Tag des Entscheides der Schätzungskommission[26] beurteilt, wie dies die bundesgerichtliche Zweistufentheorie vorsieht[27], sondern es wird mit der Regelung gleichgezogen, wie sie bei der Entschädigung aus materieller Enteignung gilt. Der Gesetzgeber hat diesen Bewertungsstichtag deshalb gewählt, weil er verhindern wollte, dass ein Eigentümer mit dem Heimschlag bewusst zuwartet, um die in der Zwischenzeit aufgelaufene Bodenrente einkassieren zu können[28].

Da das zürcherische Recht somit sowohl für die materielle Enteignung als auch für den Heimschlag den nämlichen Bewertungszeitpunkt vorsieht – Eintritt der Rechtskraft der Eigentumsbeschränkung –, besteht die dem Grundeigentümer zukommende Heimschlagsentschädigung bei Vorliegen einer materiellen Enteignung im Ersatz des vollen Verkehrswerts, welcher dem Grundstück vor der Planungsmassnahme zugekommen ist. Der Verkehrswert ist der Preis, der im gewöhnlichen Geschäftsverkehr am Bewertungsstichtag mutmasslich zu erzielen gewesen wäre. Die Verkehrswertschätzung bedient sich wenn möglich der Vergleichsmethode (auch statistische Methode genannt), welche den massgebenden Landwert aus tatsächlich bezahlten Preisen für möglichst nahegelegene, ähnliche und zur Zeit des Stichtags gehandelte Grundstücke abzuleiten versucht. Dabei sind die einzelnen Vergleichsgrund-

---

[25] Bei den Baulinien richtet sich die Entschädigung unter Umständen nicht nach den Verhältnissen bei Eintritt der Rechtskraft der Baulinie. Steht nämlich die Unüberbaubarkeit des baulinienbelasteten Grundstücks nicht bereits von Anfang an klar fest, so ist für die Bemessung der Entschädigung von dem Zeitpunkt auszugehen, in dem die endgültige Unüberbaubarkeit des betroffenen Grundstücks feststeht oder behördlich festgestellt worden ist (§ 104 Abs. 1 PBG), und nicht vom Zeitpunkt der rechtskräftigen Baulinienziehung; RB 1989 Nr. 90; VOLLENWEIDER, ZBGR 1980, S. 225.

[26] Vgl. VGr, ZBl 76/1975, S. 341 f.

[27] Vgl. vorne S. 108.

[28] Weisung des Regierungsrates zum PBG, ABl 1973, S. 1813. Vgl. auch VOLLENWEIDER, ZBGR 1980, S. 225; RB 1989 Nr. 90, S. 156. – Aus den gleichen Überlegungen hat das Bundesgericht bei der materiellen Enteignung den Bewertungsstichtag auf das Inkrafttreten des enteignungsähnlichen Eingriffs festgesetzt. Das BGr will damit der Möglichkeit entgegentreten, dass ein Eigentümer mit der Geltendmachung seiner Entschädigungsforderung aus spekulativen Gründen zuwartet. In Zeiten steigender Landpreise könnte er so eine höhere Entschädigung erwirken als derjenige, der seine Ansprüche sofort geltend macht, was mit dem Grundsatz der Rechtsgleichheit nur schlecht vereinbar wäre; BGE 93 I 146 (Erben Schulthess und Erben Bäggli c. Kt. Zürich).

stücke unter Würdigung ihrer Vor- und Nachteile dem Schätzungsobjekt gegenüberzustellen, und es ist so im Rahmen der Hoch- und Tiefpreise ein angemessenes Mittel zu schätzen[29].

Zu *verzinsen* ist die Heimschlagsentschädigung grundsätzlich von dem Zeitpunkt an, in dem der Heimschlag ausgeübt wird[30]. Fordert der Grundeigentümer indessen zunächst eine Entschädigung wegen materieller Enteignung und übt er später im Rahmen des deswegen eingeleiteten Schätzungsverfahrens das Heimschlagsrecht aus, so ist bei Vorliegen einer materiellen Enteignung die Vergütung für dieselbe ab Geltendmachung der entsprechenden Entschädigungsforderung, diejenige für den Heimschlag ab Geltendmachung des Heimschlagsrechts zu verzinsen[31]. Das Verwaltungsgericht begründet seine diesbezügliche Praxis damit, dass das erst im Schätzungsverfahren gestellte Heimschlagsbegehren jenes um Zusprechung einer Entschädigung wegen materieller Enteignung nicht gegenstandslos werden lasse. Werde eine materielle Enteignung bejaht, seien im Hinblick auf den unterschiedlichen Zinsenlauf die Vergütungen für die materielle Enteignung und den Heimschlag gesondert festzusetzen[32]. Zu einer solchen gestaffelten Verzinsung zwingt aber auch das Bundesrecht. So muss nach der bundesgerichtlichen Rechtsprechung zu Art. 5 Abs. 2 RPG die Entschädigung für die materielle Enteignung ab dem Zeitpunkt, in welchem der Berechtigte unmissverständlich um Vergütung ersucht hat, verzinst werden[33]. Eine einheitliche Verzinsung der gesamten Entschädigung ab dem Zeitpunkt, in dem der Heimschlag ausgeübt wird, ist daher nicht zulässig. In diesem Zusammenhang ist noch eine Besonderheit beim Heimschlagsrecht bei Freihalte- und Erholungszonen zu beachten: Übt an der Schätzungsverhandlung nicht nur der Grundeigen-

---

[29] VGr, ZBl 92/1991, S. 473 E. 3a (Unterengstringen); ZBl 88/1987, S. 176 ff. = RB 1986 Nr. 124 (Küsnacht c. X. und Mitbeteiligte); BGE 114 Ib 295 f. E. 7 (Pagano c. Einwohnergemeinde Bern).

[30] § 42 Abs. 1 Satz 2 PBG.

[31] § 183bis Abs. 3 Satz 2 EG ZGB; § 42 Abs. 1 Satz 2 PBG.

[32] RB 1992 Nr. 95; VGr, 20. Dezember 1990, E. 3b, c (Volketswil); RB 1990 Nr. 106 nicht publ. E. 7 (Allmendkorporation Horgen); anders noch RB 1989 Nr. 91 nicht publ. E. 2a und 7 (Uetikon am See). In diesem Entscheid vertrat das VGr noch die Auffassung, dass durch ein Heimschlagsbegehren dasjenige um Zusprechung einer Entschädigung wegen materieller Enteignung hinfällig werde. Dementsprechend entschied es, dass die gesamte Entschädigung erst ab Ausübung des Heimschlagsrechts zu verzinsen sei.

[33] BGE 114 Ib 177 f. (Erbengemeinschaft J. c. Stadt Schaffhausen).

tümer sein Heimschlagsrecht aus, sondern verlangt gleichzeitig auch das Gemeinwesen gestützt auf § 43a PBG die Zusprechung des betreffenden Landes zu Eigentum, ist die Gesamtentschädigung einheitlich ab dem Zeitpunkt der Geltendmachung der Entschädigungsforderung wegen materieller Enteignung zu verzinsen. § 43a Abs. 2 Satz 2 PBG sieht ausdrücklich vor, dass die Entschädigung für die Zusprechung des Eigentums von dem Zeitpunkt an zu verzinsen ist, in dem der Berechtigte die Entschädigung aus materieller Enteignung geltend gemacht hat[34].

bb) Bewirkt die Planungsmassnahme indessen *keine materielle Enteignung*, so darf die Heimschlagsentschädigung von Bundesrechts wegen keine Vergütung für zunichte gemachte Bauerwartungen enthalten[35]. Es ist in diesem Fall unerheblich, ob durch die planerische Massnahme bessere Verwendungsmöglichkeiten weggefallen sind; selbst wenn sich eine Werteinbusse trotz Fehlens einer materiellen Enteignung ergeben haben sollte, ist sie nicht abzugelten. Die Heimschlagsentschädigung umfasst daher bei Fehlen einer materiellen Enteignung nur den Verkehrswert, der sich nach dem (unter diesen Umständen entschädigungslos hinzunehmenden) Wegfall einer besseren Verwendung ergibt[36]. Zu verzinsen ist die Entschädigung von dem Zeitpunkt an, in dem der Heimschlag ausgeübt wird[37].

Ebenfalls nicht abzugelten ist eine Wertsteigerung, die ein Grundstück allenfalls durch die Planungsmassnahme erfahren hat. So hat das Verwaltungsgericht im Zusammenhang mit einer Wertsteigerung, die sich durch die Zuweisung von bisherigem Landwirtschaftsland zur Freihaltezone ergeben hatte, ausgeführt, dass eine solche Wertsteigerung bei der Bemessung der Heimschlagsentschädigung nicht berücksichtigt werden dürfe. Ansonsten würde von der Grundlage, auf der das Heimschlagsrecht beruht, und damit vom Zweck der gesetzlichen Regelung abgewichen. Zusammen mit dem (allerdings nur bei Vorliegen einer materiellen Enteignung gegebenen) Entschädigungsanspruch wolle dieses Recht den Grundeigentümer für die mit der Planungsmassnahme verbundenen Nachteile schadlos halten. Hingegen habe es offenkundig nicht der Absicht des Gesetzgebers entsprochen, den Grund-

---

[34] VGr, 20. Dezember 1990, E. 3c (Volketswil).
[35] BEZ 1989 Nr. 39 E. d (Fall Hörnligraben, Wallisellen).
[36] RB 1992 Nr. 95; BEZ 1989 Nr. 39, Leitsatz in RB 1989 Nr. 89 (Fall Hörnligraben, Wallisellen).
[37] § 42 Abs. 1 Satz 2 PBG.

eigentümer mit dem Heimschlagsrecht finanziell besser zu stellen, als er ohne die Planänderung dastehen würde. Auf eine derartige Begünstigung liefe es aber hinaus, wenn der Eigentümer in jenen Fällen, in denen die Zuweisung zur Freihaltezone den Wert des Grundstücks erhöhe, diesen Mehrwert bei der Ausübung des Heimschlagsrechts realisieren könnte[38].

3. Die Heimschlagsentschädigung bei den quartierplanrechtlichen Heimschlagsrechten

a) Bemessung der Heimschlagsentschädigung

Beim *Quartierplan* hat die Gemeinde den Wert zu entschädigen, den das Grundstück am Bewertungsstichtag ohne Berücksichtigung der durch den Quartierplan eingetretenen Wertvermehrung hat[39]. Bei der *Gebietssanierung* bestimmt sich die Heimschlagsentschädigung nach den Wertverhältnissen am Bewertungsstichtag unter Berücksichtigung geleisteter und geschuldeter Zahlungen des Heimschlagenden[40]. Im Unterschied zu den übrigen Heimschlagsrechten des PBG, bei denen die Entschädigung nach den Verhältnissen bei Eintritt der Rechtskraft der Eigentumsbeschränkung zu bestimmen ist, richtet sich in diesen beiden Fällen die Entschädigung somit nach den Wertverhältnissen am Bewertungsstichttag, also gleich wie bei der formellen Enteignung nach dem Wert des Grundstücks im Zeitpunkt der *Schätzung durch die Schätzungskommission*[41]; beim Quartierplan allerdings ohne Berücksichtigung der durch ihn bewirkten Wertvermehrung, bei der Gebietssanierung unter Berücksichtigung geleisteter und geschuldeter Zahlungen des Heimschlagenden.

Obwohl bei der Gebietssanierung eine § 165 Abs. 2 PBG entsprechende Bestimmung fehlt, wonach bei der Bemessung der Heimschlagsentschädigung die durch den Quartierplan entstandene Wertvermehrung nicht zu berücksichtigen ist, ist auch die durch die Gebietssanierung herbeigeführte Wertsteigerung nicht zu entschädigen[42]. Durch den Heimschlag soll der Grundeigentü-

---

[38] RB 1990 Nr. 105, S. 172 = ZBl 92/1991, S. 471 ff., 475 (Unterengstringen).
[39] § 165 Abs. 2 PBG.
[40] § 202 Abs. 4 Hlbs. 1 PBG.
[41] Weisung des Regierungsrates zum PBG, ABl 1973, S. 1837; VOLLENWEIDER, ZBGR 1980, S. 225; KLAMETH, S. 11 f.
[42] KOMMENTAR PBG, § 145 N 7a und § 141 N 2d.

§ 13 Die Heimschlagsentschädigung

mer zwar eine Last abschütteln dürfen, nicht aber sich bereichern können[43]. Daher hat derjenige, der sich vom Quartierplan oder der Gebietssanierung distanziert, keinen Anspruch auf die damit verbundenen Vorteile[44]. Beruht die Wertsteigerung hingegen auf eigenen Leistungen des Grundeigentümers, ist sie zu entschädigen[45]. § 202 Abs. 4 Hlbs. 1 PBG bestimmt daher, dass bei der Bemessung der Heimschlagsentschädigung geleistete und geschuldete Zahlungen des Heimschlagenden zu berücksichtigen sind.

Der Eigentümer hat bei den quartierplanrechtlichen Heimschlagsrechten infolgedessen Anspruch auf die während der Verfahrensdauer bis zum Bewertungsstichtag eingetretene allgemeine Landwertsteigerung, nicht aber auf die spezielle, durch den Quartierplan oder die Gebietssanierung eingetretene Wertvermehrung, da dieser Mehrwert ausschliesslich der Durchführung des Verfahrens zu verdanken ist[46]. Im Falle des Quartierplans wird dem Grundeigentümer daher auch nicht der Wert des neuen Grundstücks, welches er heimschlägt, ersetzt, sondern derjenige des eingeworfenen Grundstücks[47].

b) Verzinsung der Heimschlagsentschädigung

Bei den Heimschlagsrechten des Quartierplanrechts ist die Verzinsung der Heimschlagsentschädigung nicht geregelt. Dies im Unterschied zu den übrigen Heimschlagsrechten des PBG, bei welchen die Entschädigung gemäss § 42 Abs. 1 Satz 2 PBG – gleich wie diejenige aus materieller Enteignung (§ 183bis Abs. 2 Satz 2 EG ZGB) – von dem Zeitpunkt an zu verzinsen ist, in dem der Heimschlag ausgeübt wird.

MÜLLER/ROSENSTOCK/WIPFLI/ZUPPINGER vertreten die Ansicht, dass die Heimschlagsentschädigung beim *Quartierplan* in sinngemässer Anwendung von § 183bis Abs. 2 EG ZGB ab dem Zeitpunkt der Anmeldung des Heimschlagsrechts zu verzinsen sei[48]. Diese Auffassung ist jedoch abzulehnen[49].

---

[43] VOLLENWEIDER, ZBGR 1980, S. 225.
[44] KOMMENTAR PBG, § 165 N 2 (Einleitung).
[45] Vgl. Weisung des Regierungsrates zum PBG, ABl 1973, S. 1843.
[46] KOMMENTAR PBG, § 165 N 2a.
[47] KOMMENTAR PBG, a.a.O.
[48] KOMMENTAR PBG, § 165 N 3d. – Weshalb MÜLLER/ROSENSTOCK/WIPFLI/ZUPPINGER § 183bis Abs. 2 EG ZGB und nicht § 42 Abs. 1 Satz 2 PBG sinngemäss anwenden wollen, bleibt unklar.
[49] Ebenso KLAMETH (S. 12), der geltend macht, dass die im KOMMENTAR PBG vertretene

Wie bereits ausgeführt wurde, bewirken die Planungsmassnahmen des Quartierplanrechts kaum je eine materielle Enteignung[50]; eine analoge Anwendung der diesbezüglichen Regelungen, sei dies nun von § 183bis Abs. 2 Satz 2 EG ZGB oder von § 42 Abs. 1 Satz 2 PBG, drängt sich daher nicht auf. Viel näher liegt eine *Anwendung der Grundsätze des formellen Enteignungsrechts*. So stellen die quartierplanrechtlichen Heimschlagsrechte auf den gleichen Bewertungsstichtag ab wie die formelle Enteignung, nämlich auf das Datum des Schätzungsentscheides, und dem Heimschlagenden kommt wie dem Enteigneten eine allfällige allgemeine Wertsteigerung seines Grundstücks zugute. Für die formelle Enteignung bestimmt nun § 52 AbtrG, dass mit dem Tage, an welchem der Entscheid der Schätzungskommission oder das richterliche Urteil in Rechtskraft treten, die Erfüllung der durch dieselben auferlegten Verpflichtungen gefordert werden kann. Einen Zins hat der Enteigner nur dann zu bezahlen, wenn er sich mit seiner Leistung im Verzug befindet, das heisst frühestens ab Rechtskraft des Schätzungsentscheides bzw. des verwaltungsgerichtlichen Urteils[51]. Diese Regelung hat auch für die Heimschlagsentschädigung nach § 165 PBG zu gelten[52].

Im Unterschied zum Quartierplan tritt die Gemeinde bei der *Gebietssanierung* bereits mit der Erklärung des Heimschlags in die Rechtsstellung des Heimschlagenden ein[53]. Die Gemeinde darf somit noch bevor sie die Heimschlagsentschädigung bezahlt hat über das Grundstück verfügen. Gleich verhält es sich bei der *vorzeitigen Abtretung*[54]. § 54 Abs. 1 Satz 2 AbtrG sieht

---

Ansicht zur Folge hätte, dass der Heimschlagende sowohl in den Genuss des Zinses als auch der Landpreissteigerung bis zum Tag der Bewertung käme, wodurch er gegenüber dem Grundeigentümer in den übrigen Fällen des Heimschlagsrechts ohne ersichtlichen Grund begünstigt würde, denn dieser nehme an der Landpreissteigerung zwischen Rechtskraft der Eigentumsbeschränkung und der Schätzungsverhandlung nicht teil.

[50] Vgl. vorne S. 94.
[51] Vgl. VGr, 31. Januar 1980, E. 5 mit Hinweis auf IMBODEN/RHINOW, Nr. 31 (Leitsatz publiziert in RB 1980 Nr. 144).
[52] Vgl. in diesem Zusammenhang auch die verwaltungsgerichtliche Rechtsprechung zu § 29 Abs. 2 des Baugesetzes von 1893. Das Verwaltungsgericht bestimmte die Heimschlagsentschädigung nach den nämlichen Grundsätzen wie jene für die formelle Enteignung (RB 1978 Nr. 118), wobei es eine Verzinsung der Entschädigung ab Geltendmachung des Heimschlagsrechts ablehnte; RB 1980 Nr. 144 und Nr. 145. Diese Praxis wurde vom Bundesgericht gutgeheissen, BGE in ZBl 83/1982, S. 209 f. E. 3 (Blaser und Lüthi c. Staat Zürich); BGE vom 17. Februar 1982 (Schmidlin c. Staat Zürich).
[53] § 202 Abs. 3 PBG.
[54] Vgl. RB 1964 Nr. 118; 1967 Nr. 86. Massgebender Stichtag für die Entschädigungsbe-

dabei vor, dass dem Enteigneten vom Tage des Überganges der Rechte bis zur Bezahlung der Entschädigung ein Zins von 5 % der Entschädigungssumme auszurichten ist. Dadurch soll der Enteignete für die Nutzungs- bzw. Ertragseinbusse vom Zeitpunkt der vorzeitigen Abtretung bis zur Auszahlung schadlos gehalten werden[55]. In Übereinstimmung mit § 54 AbtrG ist bei der Gebietssanierung die Heimschlagsentschädigung ab dem Zeitpunkt der Ausübung des Heimschlagsrechts zu verzinsen.

---

messung bei der vorzeitigen Abtretung ist – wie bei den Heimschlagsrechten des Quartierplanrechts – das Datum des Schätzungsentscheides, RB 1964 Nr. 118; 1969 Nr. 77; VGr, 3. März 1977, E. 5, Leitsatz in RB 1977 Nr. 122; IMBODEN/RHINOW/KRÄHENMANN, Nr. 128 B.I.b.

[55] RB 1964 Nr. 118.

§ 14 Verfahren zur Geltendmachung des Heimschlagsrechts

I. Frist zur Geltendmachung des Heimschlagsrechts

Während in einigen Kantonen die Ausübung des Heimschlagsrechts an keine Frist gebunden ist[1], hat sich der zürcherische Gesetzgeber mit der Begründung, dass sich der Eigentümer einmal entscheiden müsse, ob er sein Grundstück heimschlagen wolle oder nicht, für eine Befristung des Heimschlagsrechts entschieden[2]. Der Grundeigentümer muss demnach das Heimschlagsrecht innert der im PBG vorgesehenen Fristen geltend machen, damit der Anspruch auf Übernahme des Grundstücks nicht untergeht[3].

Bei den *Freihaltezonen, Werkplänen und Natur- und Heimatschutzmassnahmen* beträgt die Frist zur Ausübung des Heimschlagsrechts zehn Jahre ab Rechtskraft des entsprechenden Festsetzungsaktes[4]. Die Frist beginnt mit Ablauf der Rechtsmittelfristen oder der definitiven Streiterledigung über den betreffenden Akt und – wo eine solche erforderlich ist – mit Bekanntmachung seiner Genehmigung[5]. Das Heimschlagsbegehren kann damit gleich lange gestellt werden wie das Begehren um Entschädigung wegen materieller Enteignung[6].

---

[1] Vgl. **SG:** Art. 58 Abs. 1 EntG; **SH:** Art. 6 Abs. 2 BauG; **ZG:** §§ 22 Abs. 3 und 30 BauG. Zur Regelung des Kantons Schaffhausen, BGE 98 Ia 293 ff., 301 (Pfister c. Thayngen SH), wonach die Eigentümer des der Zone für öffentliche Bauten und Anlagen zugewiesenen Landes so lange Anspruch auf Übernahme ihrer Grundstücke haben, wie der Zonenplan in Kraft steht. Zur Regelung des Kantons Zug, ZGGVP 1985/86, S. 42 ff., 46. Vgl. des weiteren vorne S. 29 bei Anm. 36.

[2] Votum von Kommissionspräsident HONEGGER zu § 43 PBG, Protokoll des Kantonsrates 1971 – 1975, S. 9186.

[3] Es handelt sich dabei um Verwirkungs- und nicht um Verjährungsfristen. Vgl. VOLLENWEIDER, ZBGR 1980, S. 224 Anm. 108; KOMMENTAR PBG, § 165 N 3a; Entscheid der SchK I, 28. April 1987, S. 12 (Stadt Zürich) betr. § 104 Abs. 1 PBG. – Allgemein zur Verwirkung IMBODEN/RHINOW/KRÄHENMANN, Nr. 34 B.VII.

[4] § 43 Abs. 1 PBG. In den §§ 62 Abs. 1, 119 Abs. 2 und 214 Abs. 2 PBG wird auf diese Grundordnung verwiesen.

[5] Vgl. dazu § 119 Abs. 1 PBG, wonach der von einem Werkplan betroffene Eigentümer das Heimschlagsrecht nach Genehmigung des Werkplans geltend machen kann. Genehmigungsbedürftig sind indessen nur Werkpläne, die nicht von staatlichen Instanzen festgesetzt worden sind (§ 115 Abs. 2 PBG).

[6] Vgl. § 183ter Abs. 1 EG ZGB.

Das Heimschlagsrecht bei *Baulinien* ist ebenfalls innert zehn Jahren geltend zu machen. Die Frist fängt indessen nicht von der Rechtskraft der Baulinienziehung an zu laufen, sondern ab dem Zeitpunkt, in welchem die endgültige Unüberbaubarkeit feststeht oder behördlich festgestellt worden ist[7]. Dieser unterschiedliche Fristenbeginn erklärt sich dadurch, dass bei baulinienbelasteten Grundstücken die Unüberbaubarkeit häufig nicht von Anfang an klar feststeht, sondern sich erst nachträglich ergeben kann oder durch Verwaltungsakt festgestellt wird[8].

Bei den quartierplanrechtlichen Heimschlagsrechten sind die Fristen zur Geltendmachung des Heimschlagsrechts wesentlich kürzer. Beim *Quartierplan* kann der Grundeigentümer der Gemeinde das neu zugeteilte Grundstück innert 60 Tagen nach der Genehmigung des Plans heimschlagen[9]. Dies gilt auch für die *Grenzbereinigung*[10], wo der Grundeigentümer die Möglichkeit hat, der Gemeinde das arrondierte Grundstück innerhalb von 60 Tagen ab Rechtskraft des Festsetzungsbeschlusses heimzuschlagen[11]. Bei der *Gebietssanierung* schliesslich kann der Heimschlag bereits von der Rechtskraft des Einleitungsbeschlusses an erklärt werden und nicht erst, wie dies beim Quartierplan der Fall ist, nach der Genehmigung des (Gebietssanierungs-) Plans. Ausüben kann der Heimschlagende das Heimschlagsrecht bis zum Baubeginn an der Bauetappe, an der er beteiligt ist[12].

---

[7] § 104 Abs. 1 PBG.
[8] RB 1989 Nr. 90.
[9] § 165 Abs. 1 PBG.
[10] § 185 i.V.m. § 165 PBG.
[11] Im Unterschied zum Quartierplan bedarf die Grenzbereinigung keiner Genehmigung (§ 183 Abs. 3 PBG).
[12] § 202 Abs. 2 PBG. Dazu auch vorne S. 105.

II. Verfahrensablauf

1. Geltendmachung des Heimschlagsrechts

Das Heimschlagsrecht ist innert der gesetzlich vorgesehenen Frist *schriftlich*[13] geltend zu machen, und zwar gegenüber dem Gemeinwesen, das den anspruchsbegründenden Eingriff angeordnet hat[14]. Heimschlagsberechtigt ist der jeweilige Eigentümer des Grundstücks[15, 16]. Für die Ausübung des Heimschlagsrechts ist weder die ausdrückliche Nennung des Wortes «Heimschlag» noch die Erwähnung der entsprechenden Gesetzesbestimmung notwendig[17]. Es genügt, wenn nach den gesamten Umständen der Wille des Grundeigentümers ersichtlich ist, sein Land dem Gemeinwesen heimzuschlagen[18]. Ebenfalls ausreichend ist nach der Praxis die Erklärung des Grundeigentümers an der Schätzungsverhandlung – welches Verfahren aufgrund der Forderung um Zusprechung einer Entschädigung wegen materieller Enteignung eingeleitet worden ist –, wonach er das ihm zustehende Heimschlagsrecht ausüben wolle[19].

---

[13] Vgl. § 43 Abs. 1 PBG und die Verweisungen hierauf in den §§ 62 Abs. 1, 104 Abs. 2, 119 Abs. 2 und 214 Abs. 2 PBG. Bei den Heimschlagsrechten des Quartierplanrechts besteht dagegen keine ausdrückliche Regelung, dass die Heimschlagserklärung schriftlich zu erfolgen hat.

[14] Beim Werkplan ist das Heimschlagsrecht gegenüber dem Ersteller des Werkplans geltend zu machen (§ 119 Abs. 1 PBG).

[15] VOLLENWEIDER, ZBGR 1980, S. 224.

[16] Veräussert der von der Planungsmassnahme betroffene Eigentümer sein Grundstück, geht das Heimschlagsrecht auf den Käufer über. Hierbei können sich allenfalls Probleme im Zusammenhang mit der Heimschlagsentschädigung ergeben. Nach der Rechtsprechung des Verwaltungsgerichts ist bei Veräusserung eines Grundstücks der Käufer zur Geltendmachung eines Anspruchs aus materieller Enteignung nämlich nur legitimiert, wenn ihm dieser zivilrechtlich abgetreten worden ist (RB 1988 Nr. 91). Wird bei Verkauf eines Grundstücks dem Käufer der Entschädigungsanspruch aus materieller Enteignung nicht abgetreten, so steht dem neuen Eigentümer, der das Heimschlagsrecht ausübt, jener Teil der Heimschlagsentschädigung, der die Vergütung für eine materielle Enteignung darstellt, nicht zu, sondern lediglich der Restwert.

[17] SchK II, 26. Mai 1983, S. 26 (Küsnacht c. X. und Mitbeteiligte).

[18] VGr, BEZ 1986 Nr. 23, S. 29 E. 4a (Küsnacht c. T. AG), wo das Gesuch der Grundeigentümerin, «es seien die Grundstücke Kat. Nr. ... von der Gemeinde Küsnacht zu erwerben, und zwar zum Preise von Fr. 400.-- pro m^2», zu beurteilen war. Die Schätzungskommission II und das Verwaltungsgericht befanden, das Schreiben gebe zwar zu Missverständnissen Anlass, doch gehe daraus nach den gesamten Umständen der Wille der Grundeigentümerin hervor, die Parzellen heimzuschlagen.

[19] RB 1990 Nr. 106 nicht publ. E. 4a (Allmendkorporation Horgen). Vgl. dazu auch vorne S. 114.

2. Verfahren vor der Schätzungskommission

Zu einem Schätzungsverfahren kommt es dann, wenn innert sechs Monaten seit Geltendmachung des Heimschlagsrechts kein privatrechtlicher Vertrag[20] über den Erwerb der Heimschlagsfläche durch das Gemeinwesen zustande kommt. In diesem Fall hat das Gemeinwesen (beim Werkplan der Ersteller des Werkplans) das Schätzungsverfahren nach dem Abtretungsgesetz einzuleiten[21]. Dabei kommt beim Heimschlagsrecht die gleiche Verfahrensordnung wie für Forderungen aus materieller Enteignung zur Anwendung[22].

Mit dem Gesuch um Einleitung des Schätzungsverfahrens hat sich das Gemeinwesen oder der Werkplanersteller an das Statthalteramt des Bezirkes zu wenden[23]. Dieses überweist die Akten der zuständigen Schätzungskommission[24]. Im Schätzungsverfahren hat die Schätzungskommission Streitigkeiten «über den Erwerb der Heimschlagsfläche» zu beurteilen[25]. Darunter fallen einerseits Streitigkeiten über die Höhe der Heimschlagsentschädigung, andererseits hat die Schätzungskommission auch über den Heimschlagsanspruch als solchen zu entscheiden, wenn dieser umstritten ist[26]. So kann beim Heimschlagsrecht bei Baulinien die Unüberbaubarkeit des Grundstücks

---

[20] In Frage kommen Kauf- oder Tauschvertrag.

[21] § 43 Abs. 2 PBG. Auf diese Grundordnung verweisen die §§ 62 Abs. 1, 104 Abs. 2, 119 Abs. 2 und 214 Abs. 2 PBG. Vgl. zu den Heimschlagsrechten des Quartierplanrechts §§ 165 Abs. 1 und 202 Abs. 4 Hlbs. 2 PBG. Im Unterschied zu den übrigen Heimschlagsrechten wird bei den quartierplanrechtlichen dem Gemeinwesen keine Frist zur Einleitung des Schätzungsverfahrens angesetzt.

[22] Vgl. dazu die Übersichten bei HALLER/KARLEN, N 1102 f.

[23] § 39 Abs. 1 AbtrG.

[24] § 39 Abs. 1 AbtrG. – § 32 AbtrG teilt den Kanton Zürich in vier Schätzungskreise ein: Der I. Kreis umfasst die Bezirke Zürich, Bülach, Dielsdorf und Dietikon; der II. Kreis die Bezirke Affoltern, Horgen und Meilen; der III. Kreis die Bezirke Hinwil, Uster und Pfäffikon; der IV. Kreis die Bezirke Winterthur und Andelfingen.

[25] § 43 Abs. 2 PBG

[26] VOLLENWEIDER, ZBGR 1980, S. 225; vgl. auch RB 1992 Nr. 95. KÖLZ (§ 82 N 51) führt dagegen aus, dass im Streitfall das Verwaltungsgericht über den Anspruch, die Schätzungskommission über die Entschädigung zu entscheiden habe. Dabei verweist KÖLZ auf § 212 Abs. 3 PBG. Diese Bestimmung, die den Übernahmeanspruch des Gemeinwesens bei Natur- und Heimatschutzmassnahmen regelt, sieht zwar vor, dass über den Übernahmeanspruch auf verwaltungsgerichtliche Klage hin und über die Entschädigung im Schätzungsverfahren entschieden wird. Diese Vorschrift gelangt indessen nur beim Übernahmeanspruch gemäss § 212 PBG zur Anwendung, nicht jedoch bei den Heimschlagsrechten.

streitig sein[27], beim Heimschlagsrecht bei Natur- und Heimatschutzmassnahmen das Vorliegen einer materiellen Enteignung[28].

3. Verfahren vor Verwaltungsgericht

Nach der geltenden Fassung des Abtretungsgesetzes kann innert zwanzig Tagen seit Empfang des Schätzungsentscheides beim Statthalteramt *Einsprache* gegen den Entscheid erhoben werden[29]. Wird der Entscheid der Schätzungskommission nicht angefochten, so gilt er als richterliches Urteil[30]. Wird Einsprache erhoben – die Einsprache muss keinen bestimmten Antrag und auch keine Begründung enthalten[31] –, überweist das Statthalteramt die Akten dem Verwaltungsgericht[32]. Das Verwaltungsgericht entscheidet *im Klageverfahren*[33], womit ein umfassender Gerichtsschutz i.S.v. Art. 6 Ziff. 1 EMRK gewährleistet ist[34]. Im Klageverfahren hat stets das Gemeinwesen bzw. der Werkplanersteller als Kläger aufzutreten[35]. Damit wird vermieden, dass der Grundeigentümer in die (unangenehme) Klägerrolle gedrängt wird[36]. Der eindeutige Umfang des Rechtsstreits ergibt sich in der Regel erst aus den Anträgen in der Klageschrift bzw. der Klageantwort der einsprechenden Partei(en)[37]. Das Verwaltungsgericht hat den Schätzungsbericht der Schätzungskommission wie einen gerichtlich erhobenen Expertenbericht zu berücksichtigen[38]. Dabei prüft es in erster Linie, ob die Schätzung auf zutreffender Rechtsgrundlage beruht, namentlich ob die angewende-

---

[27] Vgl. § 103 PBG.
[28] Vgl. § 214 PBG.
[29] §§ 42 – 44 AbtrG.
[30] § 45 AbtrG; § 43 Abs. 3 PBG.
[31] KÖLZ, § 82 N 34; RB 1984 Nr. 23.
[32] § 47 AbtrG.
[33] § 46 AbtrG; § 82 lit. g VRG. Vgl. dazu ZBl 92/1991, S. 472 f. E. 2 (Unterengstringen); RB 1989 Nr. 90 nicht publ. E. 1 (Stadt Zürich). Die Zuständigkeit des Verwaltungsgerichts bestimmt sich somit nicht nach § 82 lit. h VRG wie KÖLZ (§ 82 N 50) geltend macht. Vgl. auch HALLER/KARLEN (N 1102 und 1107), die einerseits auf § 82 lit. g VRG, andererseits – unter Berufung auf KÖLZ – auf § 82 lit. h VRG verweisen.
[34] BGE in ZBl 94/1993, S. 477 (Maur ZH); BGE 118 Ia 382 (Männedorf ZH).
[35] § 49 AbtrG; § 83 Abs. 4 VRG.
[36] KÖLZ, § 82 N 35.
[37] ZBl 92/1991, S. 472 f. E. 2 (Unterengstringen); vgl. auch KÖLZ, § 82 N 37 f.
[38] § 51 AbtrG.

ten Bewertungskriterien verfassungs- und gesetzmässig sind. Sodann untersucht das Gericht in freier Beweiswürdigung, ob der Schätzungsentscheid dadurch zu überzeugen vermag, dass er vollständig und klar ist sowie eine einleuchtende und widerspruchslose Begründung enthält. Die Rolle eines gerichtlich erhobenen Gutachtens i.S.v. § 51 AbtrG kommt dem Schätzungsentscheid allerdings nur soweit zu, als eigentliche Schätzungsfragen zu beurteilen sind[39].

Im Zusammenhang mit der *Revision des Verwaltungsrechtspflegegesetzes* schlägt der Regierungsrat eine Änderung dieser Verfahrensordnung vor[40]. Danach sollen die Schätzungskommissionen zu eigentlichen Vorinstanzen des Verwaltungsgerichts werden[41]. Die Einschaltung des Statthalteramtes und die Durchführung des Klageverfahrens entfallen. So sieht der Antrag des Regierungsrates vor, dass die Schätzungskommissionen ihre Entscheide direkt den Parteien eröffnen. Der Entscheid der Schätzungskommission stellt ein rechtskräftiges Urteil dar, soweit er nicht mit *Rekurs* beim Verwaltungsgericht angefochten wird[42]. Wird Rekurs erhoben, so ist dieser innert dreissig Tagen beim Verwaltungsgericht anzumelden. Das Verwaltungsgericht setzt eine Frist zur Einreichung der Rekursschrift an und entscheidet über den Rekurs nach den Bestimmungen über die Verwaltungsrechtspflege[43], wobei es den Entscheid der Schätzungskommission frei überprüfen kann[44].

4. Rechtsschutz auf Bundesebene

In Abweichung von der allgemeinen Rechtsmittelordnung des OG und VwVG sieht Art. 34 Abs. 1 RPG auf dem Gebiet des Raumplanungs- und Baurechts für zwei Fälle die Verwaltungsgerichtsbeschwerde an das Bundesgericht vor, nämlich gegen Entscheide letzter kantonaler Instanzen über Entschädigungen als Folge von Eigentumsbeschränkungen (Art. 5 RPG) und

---

[39] ZBl 92/1991, S. 473 E. 3 m.w.H. (Unterengstringen); KÖLZ, § 82 N 41.
[40] Die §§ 42 und 46 AbtrG sollen geändert, die §§ 43 – 45 und §§ 47, 49 und 51 AbtrG sollen aufgehoben werden. Des weiteren soll § 82 lit. g VRG geändert und § 83 Abs. 4 VRG aufgehoben werden. Vgl. ABl 1995, S. 1501 ff., 1510, 1519 f.
[41] Weisung des Regierungsrates, ABl 1995, S. 1558.
[42] § 42 AbtrG in der vorgeschlagenen neuen Fassung.
[43] § 46 AbtrG in der vorgeschlagenen neuen Fassung.
[44] Weisung des Regierungsrates, ABl 1995, S. 1559.

über Ausnahmebewilligungen für Bauten und Anlagen ausserhalb der Bauzonen (Art. 24 RPG). Alle anderen Entscheide letzter kantonaler Instanzen unterliegen nach der ausdrücklichen Anordnung von Art. 34 Abs. 3 RPG lediglich der staatsrechtlichen Beschwerde. Gemäss Art. 34 Abs. 2 RPG sind zur Verwaltungsgerichtsbeschwerde auch Kantone und Gemeinden berechtigt.

Art. 34 Abs. 1 RPG verweist auf Art. 5 RPG. Damit unterliegen letztinstanzliche kantonale Entscheide über Entschädigungen aus materieller Enteignung i.S.v. Art. 5 Abs. 2 RPG der Verwaltungsgerichtsbeschwerde, wobei die materielle Enteignung auf eine in den Sachbereich des RPG fallende Planung zurückgehen muss[45]. Bei Streitigkeiten im Zusammenhang mit den Heimschlagsrechten ist nach der bundesgerichtlichen Rechtsprechung die *Verwaltungsgerichtsbeschwerde* dann gegeben, wenn der kantonale Gesetzgeber das Heimschlagsrecht als Folge einer Planungsmassnahme im Sinne des RPG gewährt, in welcher eine enteignungsähnliche Eigentumsbeschränkung liegt oder liegen könnte, und wenn umstritten ist, ob und in welchem Masse eine Entschädigung aus materieller Enteignung für den planerischen Eingriff geschuldet ist[46]. Die Schaffung eines kantonalen Heimschlagsrechts, sei es auf einen enteignungsähnlichen, sei es auf einen weniger weit gehenden Eingriff hin, ändert nichts daran, dass der Entschädigungsanspruch, der sich aus Art. 5 Abs. 2 RPG ergibt, ein bundesrechtlicher ist, der durch kantonale Bestimmungen nicht geschmälert werden darf. Dieser Anspruch kann mit Verwaltungsgerichtsbeschwerde durchgesetzt werden[47]. In einem im Jahre 1982 ergangenen Entscheid hat das Bundesgericht demgegenüber noch erklärt, dass die Verwaltungsgerichtsbeschwerde an das Bundesgericht nur zulässig sei, wenn das kantonale Recht das Heimschlagsrecht ausdrücklich als Folge einer enteignungsähnlichen Beschränkung gewährt. Dagegen könnten kantonale Entscheide über die Ausübung des Heimschlagsrechts, dem selbständige, von der allfälligen enteignungsähnlichen Wirkung einer Beschränkung unabhängi-

---

[45] Vgl. HALLER/KARLEN, N 1006; HÄFELIN/MÜLLER, Rz. 1717. – Die Frage, ob auch Streitigkeiten über einen Minderwertausgleich i.S.v. Art. 5 Abs. 1 RPG mit Verwaltungsgerichtsbeschwerde anfechtbar sind, ist vom BGr noch nicht entschieden worden; vgl. HALLER/KARLEN, N 1007. In BGE 113 Ib 215 E. 2a (Küsnacht ZH c. X. und Mitbeteiligte) hielt das BGr immerhin fest, dass es sich beim Heimschlagsrecht nicht um einen Ausgleich i.S.v. Art. 5 Abs. 1 RPG handle.

[46] BGE 110 Ib 257 f. (Philipp c. Savognin GR); BGE vom 31. Oktober 1984, ZBl 88/1987, S. 65 (Lyss BE); BGE 113 Ib 217 E. 3a (Küsnacht ZH c. X. und Mitbeteiligte); 114 Ib 115 (X. c. Trimmis GR).

[47] BGE 114 Ib 174 ff. E. 1 und 3a (Erbengemeinschaft J. c. Stadt Schaffhausen).

§ 14 Verfahren zur Geltendmachung des Heimschlagsrechts 127

ge Bedeutung zukommt, nur mit der staatsrechtlichen Beschwerde an das Bundesgericht weitergezogen werden[48].

Es müssen demnach die folgenden *zwei Voraussetzungen* erfüllt sein, damit das Bundesgericht auf eine Verwaltungsgerichtsbeschwerde eintritt. Sind diese Voraussetzungen nicht gegeben, so kommt als Bundesrechtsmittel nur die staatsrechtliche Beschwerde in Betracht[49].

a) Das Heimschlagsrecht muss Folge einer planungsrechtlichen Massnahme im Sinne des RPG sein[50]. Diese Voraussetzung wird von den Heimschlagsrechten des zürcherischen Planungs- und Baugesetzes erfüllt. Sämtliche dieser Heimschlagsrechte beruhen auf Planungsmassnahmen, die in den Sachbereich des RPG fallen[51].

b) Vor Bundesgericht muss im weiteren umstritten sein, ob und in welchem Masse eine Entschädigung aus materieller Enteignung für die dem Heimschlag zugrundeliegende Planungsmassnahme geschuldet ist. Ist bei einem Heimschlagsrecht, das unabhängig von einer materiellen Enteignung ausgeübt werden kann, das Vorliegen einer materiellen Enteignung rechtskräftig verneint worden und steht vor Bundesgericht nur die Frage zum Entscheid, ob das Heimschlagsrecht zu Recht oder zu Unrecht gewährt und ob die Entschädigung dafür nach den kantonalen Vorschriften richtig bemessen worden ist, so ist nur die staatsrechtliche Beschwerde gegeben. Beschwerdeberechtigt sind dabei die betroffenen Eigentümer, nicht aber das Gemeinwesen[52].

---

[48] BGE in ZBl 83/1982, S. 209 (Blaser und Lüthi c. Staat Zürich). In diesem Sinne auch AEMISEGGER, VLP Nr. 36 (1983), S. 87 f.; KUTTLER, ZBl 88/1987, S. 200 f.

[49] Vgl. HÄFELIN/MÜLLER, Rz. 1718.

[50] Nach der Auffassung von HALLER/KARLEN (N 1109) ist die Verwaltungsgerichtsbeschwerde bereits dann zulässig, wenn diese erste Voraussetzung – das Heimschlagsrecht hängt vom Vorliegen einer planungsrechtlichen Massnahme im Sinne des RPG ab – erfüllt ist. Vgl. auch DIESELBEN, N 480.

[51] Vgl. vorne S. 52, 71, 81, 87 und 95 Anm. 4.

[52] BGE 113 Ib 218 (Küsnacht ZH c. X. und Mitbeteiligte).

III. Nachträglicher Verzicht auf den Heimschlag

Obwohl es sich beim Heimschlagsrecht um ein öffentlichrechtliches Gestaltungsrecht handelt[53], ist der Entscheid zum Heimschlag nicht unwiderruflich. Das PBG sieht bei den Freihaltezonen, Baulinien, Werkplänen sowie Natur- und Heimatschutzmassnahmen nämlich vor, dass auf den Heimschlag innert zwei Monaten nach Eintritt der Rechtskraft des Entscheids über die Heimschlagsentschädigung schriftlich verzichtet werden kann[54, 55]. Der Eigentümer kann also, falls ihn die zugesprochene Entschädigung nicht zufriedenstellt, aber auch aus beliebig anderen Gründen, die Heimschlagserklärung widerrufen. Bei den quartierplanrechtlichen Heimschlagsrechten fehlt hingegen eine entsprechende Regelung. In diesen Fällen kann der Grundeigentümer nach der rechtskräftigen Festsetzung der Entschädigung nicht mehr auf den Heimschlag zurückkommen, zumindest nicht ohne Zustimmung des Gemeinwesens[56].

---

[53] VOLLENWEIDER, ZBGR 1980, S. 223; KOMMENTAR PBG, § 165 N 3b.
[54] Vgl. § 43 Abs. 4 PBG und die Verweisungen auf diese Regelung in den §§ 62 Abs. 1, 104 Abs. 2, 119 Abs. 2 und 214 Abs. 2 PBG. – Nicht verständlich ist, weshalb beim Zugrecht die Frist für den Verzicht nicht ebenfalls auf zwei Monate, sondern auf 60 Tage festgesetzt wurde (vgl. § 43a Abs. 4 PBG) .
[55] Entsprechende Bestimmungen kennen etwa auch **AG**: § 140 Abs. 3 i.V.m. § 134 Abs. 3 BauG; **AI**: Art. 46 Abs. 3 BauG; **TG**: § 13 Abs. 4 EntG; **VD**: Art. 118 Abs. 2 LE.
[56] KOMMENTAR PBG, § 165 N 3b, c; KLAMETH, S. 12 f.; vgl. auch VOLLENWEIDER, ZBl 76/1975, S. 340 Anm. 36. – Zur Gebietssanierung führt KLAMETH (a.a.O.) aus, dass in diesem Fall nur schon die Regelung der Besitzverhältnisse einen nachträglichen Verzicht auf den Heimschlag aus praktischen Gründen nicht mehr zulasse. So trete gemäss § 202 Abs. 3 PBG die Gemeinde mit der Heimschlagserklärung in die Rechtsstellung des Heimschlagenden ein, und zwar ohne Rücksicht auf eine Auseinandersetzung über die Heimschlagsentschädigung. Bis diese Auseinandersetzung rechtskräftig erledigt sei, werde die Sanierung in der entsprechenden Bauetappe in der Regel längst abgeschlossen sein.

3. Kapitel:
Abschliessende Würdigung

Das zürcherische Planungs- und Baugesetz räumt dem Grundeigentümer nur in bestimmten Fällen ein Heimschlagsrecht ein, und zwar im Zusammenhang mit gewissen Planungsmassnahmen sowie im Natur- und Heimatschutzrecht. Die Heimschlagsrechte sind bei den einzelnen Tatbeständen verschieden ausgestaltet. Die Unterschiede, welche zwischen den quartierplanrechtlichen und den anderen Heimschlagsrechten des PBG bestehen, lassen sich dabei auf deren voneinander abweichende Zielsetzungen zurückführen. Zweck der Heimschlagsrechte des Quartierplanrechts ist es, einem Grundeigentümer, der an einem Quartierplan-, Grenzbereinigungs- oder Gebietssanierungsverfahren wegen der damit verbundenen finanziellen Lasten nicht teilnehmen will, zu ermöglichen, aus dem Verfahren auszuscheiden. Die übrigen Heimschlagsrechte wollen dem Grundeigentümer die Unannehmlichkeit ersparen, mit besonders schwerwiegenden Beschränkungen belegtes Land unter allen Umständen behalten zu müssen[1].

Gewisse zwischen den Heimschlagsrechten bestehende Unterschiede lassen sich demgegenüber nur schwer erklären. Weshalb etwa der Gesetzgeber das Heimschlagsrecht bei Freihalte- und Erholungszonen sowie bei Natur- und Heimatschutzmassnahmen «neben» einem allfälligen Entschädigungsanspruch aus materieller Enteignung einräumt, während es bei den Baulinien und beim Werkplan «wahlweise» zu einem allfälligen Entschädigungsanspruch aus materieller Enteignung gewährt wird, bleibt unklar. Die Materialien enthalten hierzu keinerlei Aussagen. Ob der Gesetzgeber diese Differenzierung bewusst getroffen hat oder ob diese unterschiedlichen Formulierungen ein zufälliges Resultat der Gesetzgebung sind, muss offengelassen werden. Jedenfalls sind Lehre und Praxis gestützt auf den Gesetzeswortlaut zu der durchaus überzeugenden Auffassung gelangt, dass der Begriff «wahlweise» dahingehend zu verstehen sei, dass dem Grundeigentümer die Wahl zwischen einer Entschädigung aus materieller Enteignung und dem Heimschlag zukomme. Der Begriff «neben» habe dagegen die Bedeutung, dass das Heimschlagsrecht zu-

---

[1] Vgl. vorne S. 94 und 50.

sätzlich zu einer Entschädigung aus materieller Enteignung geltend gemacht werden könne[2].

Beachtenswert ist weiter, dass im Unterschied zu den anderen Heimschlagsrechten des PBG dasjenige im Natur- und Heimatschutzrecht nur ausgeübt werden kann, wenn der Tatbestand der materiellen Enteignung erfüllt ist[3]. Welche Gründe den Gesetzgeber dazu bewogen haben, dieses Heimschlagsrecht lediglich dann zu gewähren, wenn die Schutzmassnahme eine materielle Enteignung bewirkt, kann den Materialien nicht entnommen werden. Überhaupt ist die Formulierung von § 214 Abs. 1 PBG widersprüchlich. Obwohl dieses Heimschlagsrecht das Vorliegen einer materiellen Enteignung voraussetzt[4], steht es dem Betroffenen neben einem «allfälligen» Entschädigungsanspruch aus materieller Enteignung zu[5]. Hat aber eine Schutzmassnahme eine materielle Enteignung zur Folge, kommt dem Betroffenen nicht bloss allfällig eine Entschädigung zu, sondern er hat gemäss Art. 5 Abs. 2 RPG auf jeden Fall Anspruch auf volle Entschädigung. Die Verwendung des Wortes «allfällig» ist aber auch deshalb missverständlich, weil dieser Ausdruck bei den Freihalte- und Erholungszonen, Baulinien und Werkplänen unter anderem den Grund für die Annahme bildet, dass diese Heimschlagsrechte unabhängig vom Vorliegen einer materiellen Enteignung ausgeübt werden können[6]. Schliesslich hat der Gesetzgeber einem weiteren Punkt zu wenig Beachtung geschenkt: Besteht nämlich die Schutzmassnahme in einer Freihaltezonenzuweisung, kann der betroffene Eigentümer das Heimschlagsrecht auch bei Fehlen einer materiellen Enteignung geltend machen, da das bei den Freihaltezonen in den §§ 41 ff. und § 62 Abs. 1 PBG vorgesehene Heimschlagsrecht im Gegensatz zu demjenigen des Natur- und Heimatschutzrechts unabhängig vom Vorliegen einer materiellen Enteignung besteht[7]. Erfolgt der Schutz eines Natur- und Heimatschutzobjektes dagegen nicht durch Zuweisung zu einer Freihaltezone, sondern in einer anderen Form, etwa durch Ausscheidung einer Kernzone oder mittels Verordnung oder Verfügung, so steht dem Betroffenen das Heimschlagsrecht lediglich dann zu, wenn die entsprechende

---

[2] Vgl. dazu vorne S. 57, 74, 82 f. und 90 f.
[3] Vgl. vorne S. 88 f.
[4] § 214 Abs. 1 Hlbs. 1 PBG.
[5] § 214 Abs. 1 Hlbs. 2 PBG.
[6] Vgl. vorne S. 55 f., 72 und 82.
[7] Vgl. vorne S. 89.

Schutzmassnahme eine materielle Enteignung bewirkt. Dass dem Grundeigentümer das Heimschlagsrecht indessen je nach der Form der Schutzmassnahme im einen Fall unabhängig, im anderen Fall abhängig vom Vorliegen einer materiellen Enteignung zukommen soll, erscheint nicht gerechtfertigt.

Nicht sonderlich überzeugend ist ferner die Regelung in § 165 PBG, welcher dem Grundeigentümer, der im Rahmen des Quartierplanverfahrens eine Ausgleichszahlung zu erbringen hat, das Heimschlagsrecht gewährt[8]. Wie MÜLLER/ROSENSTOCK/WIPFLI/ZUPPINGER zu Recht geltend machen, ist es wenig zweckmässig, dass selbst ein zu einer geringfügigen Ausgleichszahlung verpflichteter Grundeigentümer das Heimschlagsrecht ausüben kann, während eventuell bedeutend stärker ins Gewicht fallende Belastungen durch den Quartierplan – etwa die Pflicht zur Übernahme der Erstellungskosten für die Erschliessungsanlagen – vom Grundeigentümer getragen werden müssen, ohne dass ihm das Recht zum Heimschlag zusteht[9]. Ausserdem ist zu bedenken, dass die Art der Zuteilung im Neubestand für den Grundeigentümer eine weitaus grössere Belastung zur Folge haben kann als die Verpflichtung zur Leistung einer geringfügigen Ausgleichszahlung[10]. Es stellt sich deshalb die Frage, ob de lege ferenda nicht auf dieses Heimschlagsrecht verzichtet werden sollte. Für eine Streichung von § 165 PBG sprächen im übrigen die fehlende praktische Bedeutung dieser Regelung[11] sowie die Tatsache, dass kein anderer Kanton ein ähnliches Heimschlagsrecht kennt.

---

[8] Vgl. dazu vorne S. 96 ff.
[9] KOMMENTAR PBG, § 165 N 1d, aa.
[10] KOMMENTAR PBG, § 165 N 1d, bb.
[11] Vgl. dazu vorne S. 98.

Register zu den Heimschlagsrechten der einzelnen Kantone

Das Register führt auf, wo sich Angaben oder Erläuterungen zu den Heimschlagsrechten der einzelnen Kantone finden.
Verwiesen wird auf die Seitenzahl und allenfalls auf die dortigen Anmerkungen (Anm).
Hauptfundstellen sind kursiv gedruckt.

Aargau	13 Anm. 7; *15 Anm. 21, 22*; 22 Anm. 8; 27 Anm. 30; *44*; 60; 128 Anm. 55
Appenzell Ausserrhoden	13 Anm. 2; *61*; 83 Anm. 32; *85 f.*
Appenzell Innerrhoden	13 Anm. 1; 35; *61*; *76*; 78; *85 f.*; 128 Anm. 55
Basel-Landschaft	13 Anm. 1; 27 Anm. 30; 33 Anm. 49; *76*; 78; *106*
Basel-Stadt	13 Anm. 2, 5; *15 Anm. 21*; 42 Anm. 30; 60; *61*; 92; *106*
Bern	*41 f.*; 60; *92 f.*
Freiburg	13 Anm. 3, 7; *15 Anm. 22*; 60; *85 f.*
Genf	77
Glarus	13 Anm. 4; *77*
Graubünden	13 Anm. 2; *15 Anm. 22*; 16 f.; 33; 34 Anm. 50; *85 f.*
Jura	92 f.; vgl. auch 36 ff.
Luzern	13 Anm. 3, 4; *15 Anm. 21*; 42 Anm. 30; *77*; *92 f.*
Neuenburg	Das Recht des Kantons Neuenburg enthält kein Heimschlagsrecht. Vgl. immerhin 36 ff., sowie 16 Anm. 26;
Nidwalden	13 Anm. 1, 4; *77*; *92 f.*
Obwalden	13 Anm. 1; 27; 33 Anm. 48; *61*; *85 f.*

St. Gallen	13 Anm. 6; *15 Anm. 22*; 22; 29 Anm. 36; 59 f.; *85 f.*; *92 f.*; 120 Anm. 1
Schaffhausen	13 Anm. 3, 5; *15 Anm. 22*; 22 Anm. 8; 33 Anm. 49; 34; *77*; *85 f.*; 120 Anm. 1
Schwyz	13 Anm. 4; *77*; 83 Anm. 32; *85 f.*
Solothurn	13 Anm. 7; *15 Anm. 22*; 22; *77*; *85 f.*
Tessin	Das Recht des Kantons Tessin enthält kein Heimschlagsrecht. Vgl. immerhin 36 ff.
Thurgau	13 Anm. 5; *15 Anm. 21*; 42 Anm. 30; 60; 128 Anm. 55
Uri	13 Anm. 1; *92*
Waadt	13 Anm. 5; *15 Anm. 22*; 128 Anm. 55
Wallis	*77*
Zug	13 Anm. 1; 33; 34 Anm. 50; *61*; *77*; *85 f.*; *92*; 120 Anm. 1